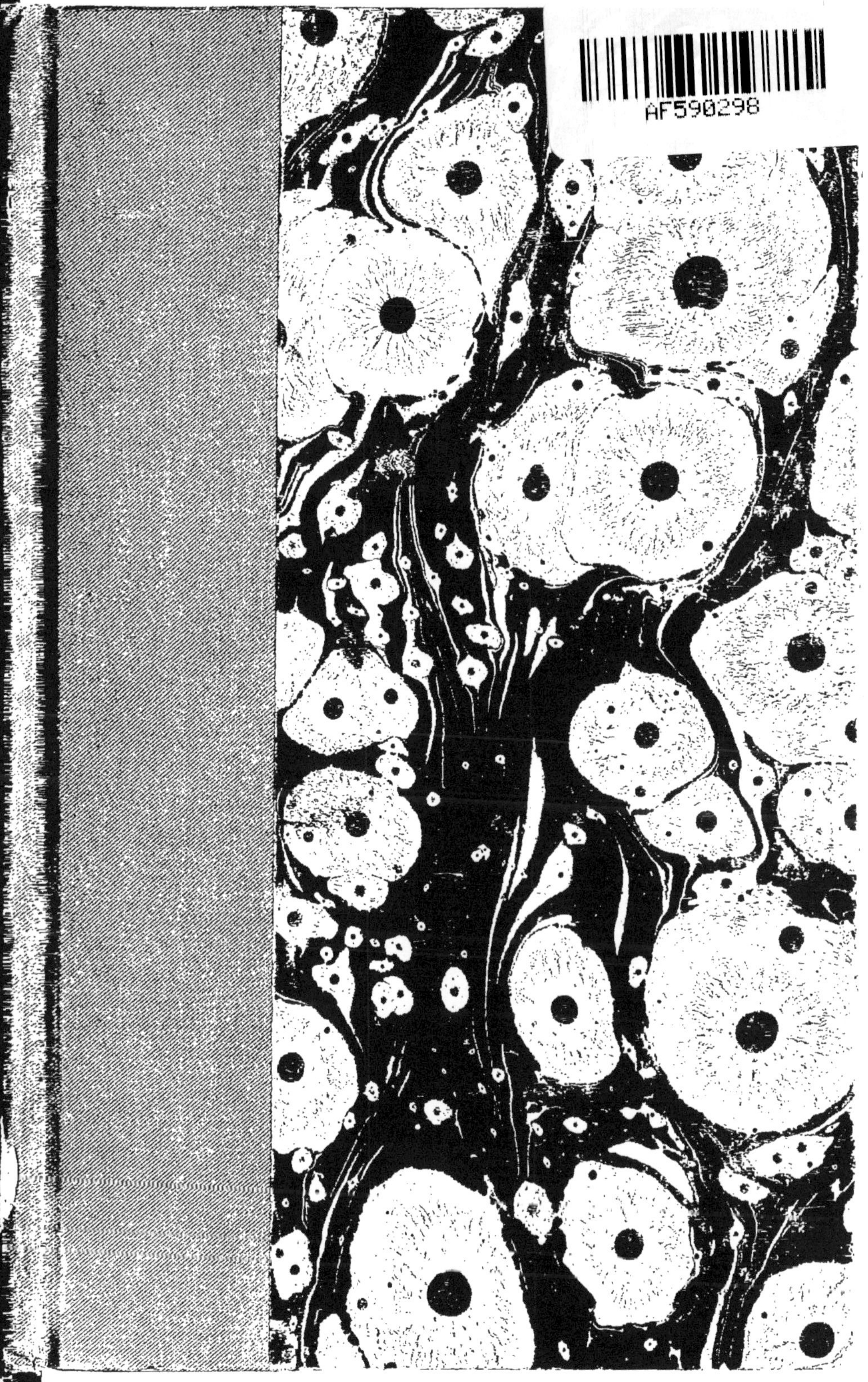

PAUL DE KERNEU

JOURNAL D'UN MOBILE

PARIS

14 Septembre 1870 — 29 Janvier 1871

Premiers jours du siège
Au fort de Nogent — Champigny — Port-Créteil
Bombardement — Fin!

PARIS
AUGUSTE GHIO, ÉDITEUR
PALAIS-ROYAL, 1, 3, 5, 7, GALERIE D'ORLÉANS

1880

JOURNAL D'UN MOBILE

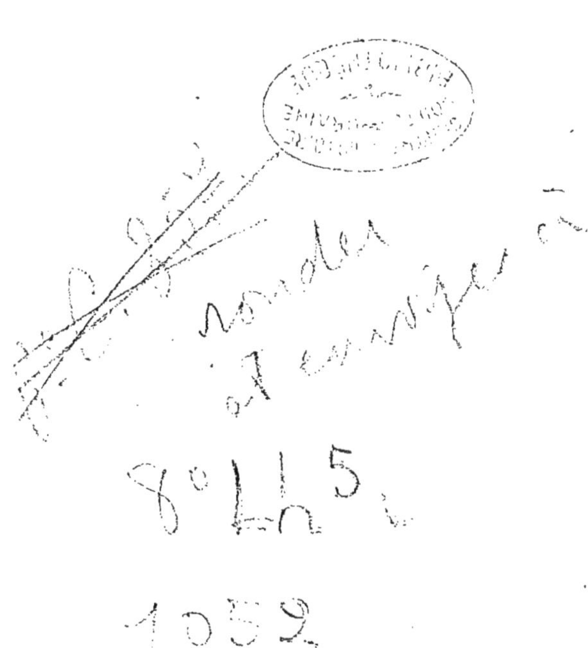

IMPRIMERIE D. BARDIN, A SAINT-GERMAIN.

PAUL DE KERNEU

JOURNAL D'UN MOBILE

PARIS

14 Septembre 1870 — 29 Janvier 1871

Premiers jours du siège
Au fort de Nogent. — Champigny — Port-Créteil
Bombardement — Fin !

PARIS
AUGUSTE GHIO, ÉDITEUR
PALAIS-ROYAL, 1, 3, 5, 7, GALERIE D'ORLÉANS

1880

AU LECTEUR

En 1870, j'étais soldat dans un régiment de mobiles qui fit la campagne en province. Le 12 septembre, chargé d'une mission qui devait me retenir plusieurs jours absent, je partais pour Paris. Le 20, cette place était complètement investie, je ne pouvais plus songer à sortir.

Peu après, j'allai m'engager dans un régiment de marche, le 5...e de mobiles. Seul au milieu de ces jeunes gens parmi lesquels je ne connaissais personne, privé de nouvelles de mon pays et des miens, l'esprit frappé de la série de désastres qui venaient de fondre sur nous, je sentis le découragement s'emparer de moi. Pour le combattre, j'écrivis ce journal qui, jusqu'à la fin du siège, devint pour moi un ami et un soutien de chaque jour.

Plus tard, la paix signée, chacun s'était repris à espérer et à vouloir vivre. — Espérance et vie sont quelque peu synonymes d'oubli. Je retrouvais parfois dans le coin du secrétaire où je l'avais laissé, un cahier, à la couverture verte et usée, que je n'avais garde d'ouvrir. J'avais trop souffert en l'écrivant. Pendant un jour, une heure peut-être, je revoyais ce douloureux passé, puis le lendemain, emporté par la vie, de nouveau je l'avais oublié.

Voici les motifs qui m'ont décidé à relire et à publier ces souvenirs.

. . . .

C'était l'an dernier. Au lieu de suivre la foule qui, joyeuse et animée, se dirigeait vers Longchamps où l'on courait le grand prix, j'allai prendre à la gare de Vincennes un billet pour Champigny. Comme il arrive à certaines heures de la vie, je me sentais le cœur serré d'une indéfinissable tristesse, et j'éprouvais un ardent désir d'être seul, pour fuir le mouvement et le bruit.

Je revis cette contrée où s'étaient passés cinq mois, les plus durs peut-être, de notre existence. Les maisons laissées par nous désertes et nues avaient retrouvé leurs habitants, partout les ruines avaient été réparées et la plaine déserte et glacée qu'avaient foulée nos pas, apparaissait couverte au loin d'abondantes moissons. De place en place, les vestiges d'une redoute, dont les talus éboulés avaient peu à peu comblé les fossés, venaient seuls me rappeler que la guerre s'était autrefois abattue sur ce pays.

Pour quitter Champigny, badigeonné et remis à neuf, j'avais pris l'ancienne route, tortueuse et raide, qui conduit au monument où l'on a rassemblé ce qui reste des morts des 30 novembre et 2 décembre 1870. A mesure que je m'éloignais du centre du village, les traces de la lutte qu'avaient soutenue nos soldats se retrouvaient de plus en plus apparentes. A certains endroits, il me semblait presque sentir l'odeur de la poudre, entendre encore siffler à mes oreilles les balles, françaises et allemandes, dont on reconnaît aisément la provenance à la direction des milliers de rides qu'elles ont laissées sur les façades des maisons. Au sortir du village, une villa ruinée par les obus est restée abandonnée ; les murs calcinés se lézardent, l'herbe pousse folle dans les cours et les arbres du jardin croissent libres, échevelés, comme en pleine forêt.

Un peu plus haut, à la naissance du plateau qui couronne la côte, entouré d'une grille de fer dont les barreaux le séparent des champs voisins, l'on aperçoit un jardin où quelques fleurs végètent à l'ombre de thuyas et de jeunes cyprès. Au centre du rond-point dessiné au milieu, s'élève sur un socle une pyramide en pierre blanche qui de loin indique au passant le monument de Champigny.

La porte franchie, l'on descend quelques marches qui précèdent un couloir et l'on pénètre à l'intérieur de l'édifice souterrain, dont l'ensemble figure exactement un carré. Des voûtes basses et sombres, semblables à celles d'un cloître fermé des deux côtés, s'allongent devant nous, percées à leur partie supérieure de rares et étroites ouvertures garnies de verres épais, qui laissent avec peine filtrer les rayons d'une lumière blafarde. Sur chaque paroi s'aligne, fixées aux murs, une longue file de plaques de marbre noir, gravées d'inscriptions aux lettres dorées. Français et Allemands reposent ici côte à côte, et les numéros des régiments décimés indiquent seuls à quels corps appartenaient les victimes devant lesquelles nous passons.

« C'est donc vous, ô mes anciens camarades, qui sous ces voûtes dormez d'un éternel sommeil! Le sacrifice de vos vies ne put ce jour-là sauver cette France que vous aimiez : qu'elle vienne du moins, reconnaissante et triste, s'agenouiller quelquefois près de vos tombeaux! Vous lui rendrez encore le suprême service de la faire se souvenir et de l'empêcher d'oublier! »

* * *

Oublier?

Vraiment l'heure est bien choisie! Que ceux qui auraient semblable envie songent donc un instant à ces tentatives manquées, à ces alliances que de tous côtés un implacable ennemi cherche à nouer chaque jour contre nous; à cette double barrière de places fortes, couverte par la chaîne des Vosges et le cours d'un grand fleuve, dont les milliers de canons sont braqués menaçants sur nous; à ce réseau de fer, construit dans un but purement stratégique, par lequel une nouvelle et colossale invasion pourra se jeter en quelques jours sur notre frontière ; à ce dernier et formidable accroissement d'une armée déjà aussi nombreuse que la nôtre, admirablement exercée, que doit prochainement voter le Reichstag allemand.

O vous, qui doutez encore, avez-vous quelquefois rencontré dans l'histoire qu'une nation se soit préparée à la paix par une pareille augmentation de puissance militaire ?

« *Hallali! la bête est à bas*[1] *!* » Ces paroles devraient nous donner l'éternelle mesure des sentiments du prince de Bismarck à l'égard de la France.

Lecteur, craignez de les entendre une seconde fois. S'il en était ainsi, vous pourriez dire avec moi : « *Finis Galliæ !* »

France, garde-toi !

Mai 1880.

1. Voyez note 1, page 226.

A PARIS!

Te souviens-tu de ces longs jours du siège, où le cœur de la France, qui battait en toi, sembla cesser de vivre et de battre comme le cœur d'un être aimé qui va mourir?

Te souviens-tu de ces obus allemands, dont les lueurs, durant un mois entier, — mois à jamais triste et sombre — sillonnèrent, à défaut de soleil, notre horizon glacé?

Te souviens-tu de ces massacres de blessés, de femmes et d'enfants que le feu prussien faisait à tout moment parmi nous?

Te souviens-tu de cette capitulation qui suivit cent trente-cinq jours de souffrances, de ces canons, montés sur tes remparts, que des mains françaises arrachèrent de leurs affûts, sur l'ordre d'un odieux vainqueur; de cette invasion, qui redoutant ce que ton désespoir présentait de terrible, n'osa pas l'affronter et se contenta de s'étaler, pour la salir de ses bestiales ordures, sur la plus belle, la plus aimée de tes promenades?

. . . .

Te souvient-il encore de ces trente mille

Français, jeunes héros, pour la plupart ignorés, qui, sous tes murs, versèrent leur sang pour la France et pour toi?

Va donc, au dehors de ta vaste enceinte, visiter les ossuaires que l'on rencontre à chaque pas ; sur les tombes les herbes fleurissent : Va dire à ces pauvres morts que tu ne les as pas oubliés!

Aujourd'hui, la France est puissante et prospère. Pas plus que le tien, son vaisseau n'a sombré : Je le sais! Mais ce que je sais aussi, c'est qu'il faut se garder d'oublier.

Comme autrefois, sur la frontière, l'ennemi se prépare et veille. Tout aussi âpre à la curée, la vertu germaine suit ton relèvement d'un œil haineux et inquiet.

Ne sais-tu pas que ces gens d'outre-Rhin n'éprouveront de relâche, que le jour où ils t'auront jetée, mutilée et sanglante, en pâture au tombeau?

O Paris! toi qui es la France; toi qui as souffert, souviens-toi !!!

Mars 1880.

CHAPITRE PREMIER

Départ pour Paris. — En wagon. — Les Champs-Élysées. — Combat de Châtillon. — Panique. — Choses et autres. — La statue de Strasbourg. — Jules Favre à Ferrières. — Villejuif. — Les espions. Le Mont-Valérien. — De Bercy au Point-du-Jour. — Capitulations de Toul et de Strasbourg. — Inaction du gouvernement. — Lettre de Victor Hugo. — Un nouveau serment d'Annibal. — Manifestations à l'Hôtel de Ville. — Départ de Gambetta. — Combat de Bagneux - Châtillon — Incendie de Saint-Cloud. — Aspect de Paris.

14 *septembre* 1870. — Hier, je suis parti par le train du soir : mon colonel m'a donné une permission de huit jours, et, si l'on en croit les journaux, l'investissement de Paris sera complet avant que ce délai soit expiré.

Personne, ici, ne sait mot de mes projets. Le dîner achevé, je me suis rendu comme d'habitude au café, en compagnie de mes camarades, puis à huit heures, sous le premier prétexte venu, j'ai regagné mon hôtel : monter chez moi, serrer dans un foulard quelques effets indispensables, tout cela ne m'a demandé qu'un instant. Avant de sortir, j'ai jeté un regard de regret sur cette chambre que j'occupe depuis un mois déjà. Chaque objet s'y trouve à sa place accoutumée, comme si je devais encore le retrouver demain ; j'ai donné une dernière pensée à ma famille, aux amis que je quitte, à ce pays dans lequel s'est écoulée ma vie, et je me suis dit que je ne les reverrais peut-être jamais..... attirant à moi la porte je l'ai brusquement fermée, puis je suis descendu.

Malgré tout, ma détermination est prise, irrévocable; c'est sous Paris que se joue la grande partie, dont la patrie est l'enjeu ; je veux y être. Mourir là-bas ou tomber ici, dans le coin d'un champ perdu, n'est-ce pas la même chose; verser quand même son sang pour la France?

. . . .

J'avais la fièvre en partant. Mon billet pris je me suis senti bien seul au milieu de cette foule qui s'agitait bruyamment à travers les salles de la gare. Le train était bondé de soldats qu'on dirigeait sur Paris : la plupart étaient des rappelés qui n'avaient guère d'enthousiasme. « Nous avons déjà servi, disaient-« ils, payé notre dette au pays; que les « conscrits y passent à leur tour. C'est une « fière injustice qu'on fait là de nous repren-« dre une seconde fois. »

Je comprends le désespoir de ces hommes, beaucoup laissent derrière eux des femmes et des enfants qui vivaient du travail du père. Que vont devenir ces malheureux, désormais à l'abandon?

Mon voisin de droite, un vieux lignard, cherche à s'étourdir, en buvant à grands traits au goulot d'une bouteille qu'il vient de remplir au buffet. A la fin d'une aspiration vigoureuse, il me tend son litre. « Tiens, moblot, si « le cœur t'en dit... tu n'as pas l'air trop gai « non plus. » Je le remercie et demeure dans mon coin seul avec mes pensées.

Le train continue sa marche, les conversations ont cessé. Peu à peu, la fatigue s'empare de tout le monde, chacun s'installe de son mieux pour dormir.... Mes idées s'embrouillent, ma tête devient de plus en plus lourde et je finis par m'assoupir à mon tour.

. . . .

Je me réveille tout frissonnant et me demande où je suis? Ma montre marque deux heures, la nuit est froide, quelques rayons de lune percent avec peine des nuées lourdes et épaisses. — Le train s'est arrêté. — Nous sommes en gare de Mantes et la voie est encombrée par d'interminables files de wagons. — Nous restons vingt minutes sur place et nous remettons ensuite en route.

A Meulan, le jour commence à poindre ; on aperçoit bientôt le Mont-Valérien qui détache au loin, sur l'horizon doucement éclairé par les premières lueurs du matin, le long profil de sa masse sombre. — Nous traversons une troisième fois la Seine et arrivons aux fortifications.

Sur le rempart, des ouvriers travaillent, remuent la terre des glacis, élèvent des cavaliers, percent des embrasures pour le canon. — Nous sommes dans Paris.

Paris, 19 *septembre* 1870. — Ma première visite a été pour les Champs-Elysées. — Partout l'on ne voit que mobiles et faisceaux d'armes. — Les massifs de fleurs et d'arbustes qui faisaient de cette promenade un des plus charmants endroits de Paris sont horriblement ravagés ; le gazon des pelouses, foulé aux pieds, est marbré de larges taches de terre nue, dont les tons noirs et gras luisent au soleil. La fanfare d'un régiment de mobiles répète dans le jardin du café de l'Horloge, c'est la seule musique militaire que j'aie entendue depuis longtemps. Ces notes, tantôt gaies, tantôt tristes, qui se perdent en vibrant à travers le feuillage jaunissant des arbres, m'ont produit une impression profonde. — Par moments, je me demande si tout cela n'est pas un rêve. — Et pourtant non ! Sur chaque visage, les yeux sont secs, les dents serrées ; la main que l'on vous tend se crispe comme pour étreindre la poignée d'un fusil. Malheur à l'ennemi, s'il se présente à forces égales devant ces vaincus qui n'ont d'autre pensée que celle de venger leur défaite.

Parfois, au milieu de ce spectacle si triste et si nouveau pour nous, un souvenir du passé nous ramène à des temps plus heureux. — Le cœur se serre subitement lorsqu'on envisage la profondeur de l'abîme dans lequel nous sommes tombés.

Paris, 20 septembre 1870.—Hier, vis-à-vis du Palais-Royal, des gardes nationaux, qui me prenaient sans doute pour quelque mobile « en bordée » m'ont arrêté. Pas trop polis, ces messieurs.

— Qu'est-ce que vous f.....-là, m'a dit celui d'entre eux qui, m'empoignant le collet, s'est mis en devoir de m'emmener. — Je me suis laissé faire sans résistance.—Après avoir examiné mes papiers, il a bien fallu me relâcher.

En sortant du poste, j'ai pris l'omnibus de l'Odéon; sur le quai du Louvre, je rencontre le général Trochu qui rentre au palais, suivi d'une escorte peu nombreuse. — Le général paraît soucieux. — Un régiment de mobiles qui descend vers la place de la Concorde lui présente les armes.

J'arrive à l'Odéon. — Une panique affreuse règne sur le boulevard Saint-Michel. — Des groupes sont formés de tous côtés; on discute les plus invraisemblables nouvelles. « Nous

« venons d'être battus ; les Prussiens sont à « la barrière d'Orléans... Paris est perdu... » Sur le milieu de la chaussée, stationnent des voitures d'artillerie qui reviennent du feu. — Les soldats sont sales, couverts de poussière et paraissent hébétés. On dit que ces troupes ont fui à la débandade et on leur reproche énergiquement leur conduite.

— Où allez-vous? demande-t-on à l'un des conducteurs.

— Aux Tuileries, répond-il.

Sur ces entrefaites un ordre arrive et l'artillerie part au grand trot, dans la direction de la place Saint-Michel. Dans tout ce matériel qui vient de passer, je n'ai aperçu qu'un seul canon.

Au même moment, plusieurs compagnies de gardes nationaux remontent le boulevard. Une grande partie des hommes sont en blouse, c'est un bataillon nouvellement formé dans les faubourgs. Armés de mauvais fusils, ces gens, qui croient aller au feu, défilent avec un entrain admirable. Leur bonne et solide tenue me fait oublier l'effarement auquel chacun est en proie autour de nous[1].

. . . .

Partout dans Paris, on commente les nouvelles de la journée. Nous avons été battus, mais l'engagement n'avait qu'une médiocre importance et, somme toute, rien n'est compromis.

1. Dans le mouvement de retraite, il se passa un fait, qui montre assez bien le désarroi général.

Au milieu de la journée de Châtillon, le commandant du génie Lévy avait été rejoint par quelques centaines de zouaves commandés par le capitaine Jacquot. Dans la soirée, n'ayant pas de nouvelles, ne recevant aucun ordre, cet officier télégraphia au gouvernement pour demander ce qu'il fallait faire ; s'il devait rentrer ou rester ? Après quelques phrases échangées on lui répondit : « Tu n'es qu'un prussien ! »

Ne pouvant se faire reconnaître, n'ayant ni vivres ni munitions, se sentant isolé avec un bataillon de zouaves et quelques mobiles, le commandant Lévy se décida à évacuer le château de Meudon. A huit heures du soir, on se mit en marche. La colonne rentra sans encombre à Paris.

(Ducrot, *Défense de Paris*, t. I, p. 72.)

L'opinion se montre fort irritée de la mollesse avec laquelle on a conduit les travaux de la redoute de Châtillon[1], que nous venons d'a-

1. La redoute de Montretout était loin d'être terminée. Le général Ducrot la trouva mal placée, dominée par les hauteurs entre Garches et Buzenval; toute la face gauche était particulièrement enfilée. Il en fit l'observation au colonel Guillemaut, chef du génie. — Oh! général, répondit cet officier supérieur, nous avons pensé à cela, nous allons faire une traverse en maçonnerie, que nous couvrirons d'une grosse masse de terre et la face sera complètement défilée.

— Combien de temps, colonel, vous demandera un pareil travail?

— Vingt jours, un mois au plus.

— Mais mon cher colonel, répondit un peu vivement le général, songez donc qu'il faut compter par heures et non par jours.

. . . .

A Châtillon, l'ouvrage n'était pas fermé à la gorge, les réduits n'avançaient pas, les parapets se trouvaient dans un tel état de bouleversement qu'on ne pouvait mettre une pièce en batterie.

Comme à Montretout, comme à Meudon, on avait tenu à faire de la maçonnerie; partout chaos, confusion, manque de direction, défaut d'exécution.

(Ducrot, *Défense de Paris*, I, p. 5 et 6.)

bandonner à l'ennemi. Les Allemands, eux, sauront bien se servir contre nous de cette admirable position.

Pareille chose s'est, paraît-il, passée à Montretout.

La gravité de ces fautes n'échappe à personne. Faut-il en accuser le gouvernement actuel ou ses tristes prédécesseurs? La population est tellement inquiète et nerveuse qu'elle ne sait à qui s'en prendre.

Certains journaux reprochent au gouvernement ses irrésolutions et sa faiblesse. A mon sens, dans des circonstances aussi graves, on doit déployer une énergie extrême, les moindres négligences peuvent avoir des conséquences incalculables; sous le coup de quelques échecs, la foule exaspérée, ne sachant sur qui faire retomber l'insuccès des opérations, criera à la trahison et sera capable de se livrer aux plus fâcheux excès.

Bien que les cafés aient reçu l'ordre de fermer à dix heures et demie, Paris est encore trop animé pour la situation dans laquelle nous nous trouvons. La ville est bruyante, et, le soir, on rencontre sur les boulevards autant de filles qu'aux plus beaux jours de l'empire. A en juger par ce monde-là, on croirait presque qu'il s'agit d'une partie de plaisir et que le siège se passera toujours de la sorte.

Paris, 21 septembre 1870. — Je suis allé, cette après-midi, sur les buttes Montmartre; des factionnaires interdisent rigoureusement au public l'approche des batteries de gros calibre que les marins ont installées sur le sommet.

Place Saint-Pierre, un ballon captif opère de nombreuses ascensions et attire l'attention d'une foule de curieux, sans cesse renouvelée.

Dans le lointain, du côté de Bondy, se montrent de larges colonnes de fumée; sont-ce des bois, des villages ou des récoltes qui brûlent ? On n'en sait rien. La ligne de flammes s'étend sur plus d'un kilomètre. De temps en temps des coups de canon retentissent. C'est Aubervilliers qui salue les Prussiens.

Des ouvriers sont occupés à démolir la tour Solférino ; le deuxième étage que l'on abat ne présentait pas une solidité suffisante pour supporter le sémaphore que la marine doit y établir.

Nos communications avec la province sont complètement coupées depuis trois jours.

Dans tous les quartiers avoisinant la rue de Rivoli, les postes de gardes nationaux sont, au grand complet, sous les armes. On s'attend à une manifestation destinée à célébrer l'anniversaire du 20 septembre 1792.

Delescluze est l'un des promoteurs.

. . . .

La journée s'est passée fort tranquille ; la manifestation et l'effet sur lequel avaient compté ses auteurs ont complètement raté.

A cinq heures, je suis allé place de la Concorde, au pied de la statue de Strasbourg, me faire inscrire sur le registre des enrôlements. Le monument disparaît sous les drapeaux, les fleurs et les couronnes d'immortelles; tout à l'entour se presse une foule silencieuse, recueillie, et j'ai vu des larmes couler de bien des yeux.

. . . .

L'affaire de Châtillon paraît moins mauvaise qu'elle n'avait semblé au premier abord : l'artillerie, la mobile se sont bravement comportées. Un « ordre » du général Trochu flétrit la conduite de certaines troupes, particulièrement du 4e zouaves; la plupart de ces soldats, incorporés la veille, n'avaient des zouaves que l'uniforme et s'étaient débandés au premier feu.

Vers six heures, nous avons reçu des nouvelles de la mission dont s'était chargé Jules Favre auprès du quartier général de Ferrières. Les conditions du roi Guillaume sont inacceptables, il veut nous avoir pieds et poings liés à son entière discrétion ; c'est une lutte à outrance que l'on nous impose. Paris saura la soutenir jusqu'au bout.

Paris, 23 *septembre* 1870. — Le canon n'a cessé de tonner jusqu'à midi, dans la direction de Bicêtre et de la route d'Orléans. A en juger par la fréquence des coups, l'engagement devait être sérieux. Depuis, tout est rentré dans le calme. L'on s'attend à une nouvelle action pour demain.

Aucune déclaration du gouvernement ne nous est parvenue, mais il est certain que nos troupes ont eu le dessus sur toute la ligne[1].

1. Combat de Villejuif. — Ce ne fut qu'une escarmouche sans importance. Après Châtillon, l'on s'était exagéré la défaite ; après Villejuif l'on ne parlait que de grande victoire. Il n'était rien moins question que de 25,000 Prussiens faits prisonniers, sans compter les morts et les blessés qui étaient innombrables.

Quelque temps après, les imaginations un peu re-

Il y a grande affluence sur les boulevards, la joie éclate sur tous les visages. Des groupes se forment au moindre mot et se dispersent pour se reformer dix pas plus loin. Des gens qui ne se sont jamais vus s'abordent et se serrent la main. Le sujet de toutes les conversations est l'affaire qui vient d'avoir lieu. Personne n'en sait là-dessus plus long que son voisin, aussi les faiseurs de nouvelles ont-ils beau jeu. « Vous savez, les pertes des Prussiens sont énormes et dépassent tout ce que l'on peut imaginer. En avons-nous couché par terre, de ces fameux Allemands ? leur avons-nous fait assez de prisonniers, assez enlevé de canons et de mitrailleuses ?... »

Franchement, c'est trop beau pour être hon-

froidies, un journal écrivait encore : « Le carnage qu'on a fait, ce jour-là, a été tellement épouvantable qu'un général (?) disait : « Encore une journée comme celle de Villejuif et l'armée prussienne est disloquée. »

(Ducrot, *Défense de Paris*, I, p. 251.)

nête; avant de me livrer à ma joie, je veux attendre les détails que ne manquera pas de donner l'*Officiel* de demain.

Le moral de la population s'affermit.

La circulaire de Jules Favre, sur son entrevue avec le comte de Bismarck, a indigné tout Paris. Le gouvernement peut compter qu'il sera énergiquement soutenu s'il persévère dans la voie où il est actuellement engagé.

Malgré la tristesse de notre situation, il est difficile de ne pas éprouver parfois un sentiment de gaieté railleuse devant la badauderie dont fait preuve tant de monde, au sujet des espions. Après avoir été sottement confiante, la population tombe justement dans l'excès contraire. Ainsi, le soir, qu'à partir de sept heures, l'on aperçoive à un étage élevé une fenêtre éclairée, vite un rassemblement se forme devant la maison devenue subitement suspecte. Un ou deux citoyens, qui n'ont pas froid aux yeux, gravissent à la hâte l'escalier et s'arrogent le droit d'opérer des perquisitions, souvent brutales, chez les personnes les plus honnêtes et les moins prussiennes qui se puissent rencontrer.

D'ordinaire, c'est quelque gavroche qui s'amuse à faire amasser ainsi deux ou trois cents badauds. Son but atteint, il plante là son public et s'en va, riant aux éclats, recommencer dans quelque rue voisine la même mauvaise plaisanterie.

Hier, boulevard Montmartre, un fort rassemblement s'était formé sous une fenêtre éclairée. L'occupant de la mansarde en question se trouvait être un mobile en train de se coucher. S'étant, par hasard, aperçu de l'attention dont il était l'objet, il ouvrit sa lucarne, et gravement, à plusieurs reprises, salua la foule de son *casque à mèche*. Tout le monde se mit à rire de bon cœur, fut désarmé, et chacun s'en alla bien convaincu que, cette fois du moins, l'on n'avait pas eu affaire à un *casque à pointe*.

Le même soir, un groupe assez nombreux qui stationnait près de la Banque, avait trouvé des formes et une marche insolites à une étoile de je ne sais plus quelle grandeur. Chacun regardait fixement l'astre en question; au bout de quelques minutes d'attention soutenue, l'œil fatigué devenait incapable de distinguer quoi que ce fût.

— La voyez-vous? s'écriait l'un.

— Nous la voyons! répondait la masse en chœur.

— Comme elle est bleue, reprenait un citoyen.

— Bleue! ah oui! elle est rouge. Vous n'y voyez donc goutte ?

— Je soutiens qu'elle est verte, ajoutait un troisième.

La foule hésitait cette fois, entre les trois couleurs, mais pour tout le monde, l'étoile en question n'était rien moins qu'un ballon ennemi, planant sur Paris, à une immense hauteur, chargé d'espions et de matières incendiaires[1].

Dieu! quel talent d'observation, aller chercher les Prussiens jusque dans les étoiles. Ils sont malheureusement plus près : les ruines,

1. On voyait des espions partout. Une lampe brûlait-elle à quelque fenêtre élevée? La foule aussitôt s'ameutait, l'imagination aidant, la lumière allait, venait, en prenant des reflets de toutes les couleurs ... Il n'y avait pas à douter, ces tons différents, les mouvements étaient autant de mots, autant de phrases et l'on montait à l'assaut de l'observatoire pour le saccager, le brûler. Les violences, dont ces prétendus signaux ont été le prétexte, sont innombrables.

On arrêtait tout le monde ; les officiers, les généraux, ne pouvaient plus franchir les portes de la ville. Le gouverneur de Paris, *en uniforme*, fut arrêté sur le rempart, en plein jour, par des gardes nationaux, sous prétexte qu'un espion prussien pouvait bien copier le costume et se faire le visage du général Trochu, afin de passer pour lui.

(Ducrot, *Défense de Paris*, III, p. 228.)

Voir également sur ce sujet, l'ouvrage de F. Sarcey. (*Le Siège de Paris*, p. 107 et suiv.)

les blessés et les morts de ces derniers jours ne le prouvent que trop.

Paris, 24 septembre 1870. — Les Allemands établissent des batteries à Châtillon et à Montretout. De ces positions, ils pourront nous faire grand mal. Quel dommage que nous n'ayons su nous installer à temps là-bas.

Paris, 2 octobre 1870. — On croit que nous allons entrer dans une période d'action ; si l'ennemi, de son côté, s'apprête, du nôtre, nous ne restons pas inactifs. Partout l'on complète les fortifications d'une manière formidable, l'esprit militaire de la garnison, qui laissait à désirer au début du siège, s'accentue vigoureusement de jour en jour ; l'industrie privée va nous fabriquer des canons, des mitrailleuses, la province doit s'organiser aussi : avant que trois semaines soient écoulées, peut-être aurons-nous rétabli nos communications avec elle? En attendant nous sommes pleins d'espoir et de confiance.

Il fait un temps splendide, qui favorise singulièrement les travaux d'approche des Prussiens. Je voyais par une de ces merveilleuses et dernières journées d'automne, le soleil se coucher lentement derrière le Mont-Valérien. L'immense citadelle profilait nettement ses grandes lignes droites et nues sur l'horizon empourpré des lueurs mourantes du jour. Son aspect avait quelque chose de menaçant et de sinistre. Sur les remparts du fort, aucun mouvement, aucun bruit ; partout régnaient une immobilité, un silence absolus. On sait pourtant que ce volcan est prêt à vomir la mort sur les imprudents qui oseraient s'en approcher à portée. Peu à peu le soleil disparaît, d'épais brouillards s'élèvent de la vallée de la Seine ; notre gardien géant s'efface au milieu d'une brume sanglante, on dirait qu'il est endormi.

. . . .

J'ai fait, il y a quelques jours, en bateau, la traversée de Paris, de Bercy au Point-du-Jour. Vue du fleuve, la ville n'est plus celle que l'on a connue en suivant les rues. On se laisse glisser doucement au courant de l'eau et la pensée, faisant insensiblement un retour en arrière, embrasse le vaste espace des siècles passés. On ne voit que peu de monde le long des quais ; le mouvement, la vie intense qui règnent sur les boulevards ne sont plus là pour nous rappeler en quel temps nous vivons.

Quelle admirable ville que ce Paris et que je l'aime ! L'œil, charmé, s'arrête successivement sur tous les chefs-d'œuvre que nous ont laissés nos aïeux. A la hauteur de l'île Saint-Louis, le bateau semble s'égarer dans les sinuosités du fleuve bordé de chaque côté de quais grandioses. Devant nous se dresse la vieille basilique, Notre-Dame, si admirablement décrite et rendue vivante par Victor Hugo. Le soleil d'or qui s'élève légèrement à l'extrémité de la nef se détache radieux dans les airs et contraste étrangement avec la couleur sombre des deux tours noircies par le temps.

Puis, on passe devant l'Hôtel de Ville, à la façade noble et gracieuse ; on laisse derrière soi le Palais de Justice, aux tourelles massives percées d'étroites fenêtres qui me font songer à ce vers de Dante :

« Lasciate ogni speranza, voi che 'ntrate. »

pour apercevoir bientôt le Louvre, dont la colonnade, aux lignes sévères, se profile au loin sur la rosace gothique de Saint-Germain-l'Auxerrois. Depuis longtemps l'on a dépassé les nouvelles et somptueuses constructions des Tuileries, que le regard ravi cherche encore à s'attarder dans la contemplation de cette longue suite de palais.

Le bateau continue sa marche et passe rapide sous les nombreux ponts dont les voûtes sonores répètent avec un bruit rauque les grondements de la vapeur qui s'échappe brutalement dans l'air.

Parmi les statues qui se dressent fièrement sur les piles du pont de l'Alma, j'ai surtout remarqué celle du zouave; sa physionomie expressive et sérieuse a fait mon admiration.

Nous voyons enfin apparaître le viaduc du Point-du-Jour, dont les arcades blanches et légères tranchent nettement sur les vertes collines de Meudon. C'est là-bas, dans ce fond légèrement embrumé, que se trouve l'ennemi; nous sommes à portée de ses canons, et l'on éprouve une sorte d'impression désagréable en songeant qu'un boulet prussien peut venir, sans plus tarder, nous siffler aux oreilles.

Sur la Seine, des canonnières stationnent, prêtes à partir au premier signal. Du côté de Billancourt, le fleuve est immobile à perte de vue; on dirait un lac allongé d'une façon démesurée.

Sur le viaduc, s'agite une cohue de cu-

2.

rieux accourus là, comme à un divertissement. En contre-bas, sur la rive de Passy, s'élèvent les mêmes baraques bariolées, qui donnent à ce coin de Paris l'aspect d'une foire de banlieue : toutes sont ouvertes et regorgent de clients et de bruit. Entre les détonations sèches des carabines des tirs et le cliquetis des bocks, les bouffées d'un air chaud et âcre m'apportent les premières mesures d'un orchestre qui attaque *la Marseillaise*, et, partout, les orgues de Barbarie vous poursuivent, sans pitié, du *Chant des Girondins.*

Tout ce monde, musiciens, mendiants, industriels en plein vent et promeneurs, paraît également satisfait de la journée qu'éclaire un soleil superbe. La nuit approche, je prends le bateau pour remonter la Seine.

. . . .

Comme nous passons à la hauteur du quai d'Orsay, le soleil va disparaître et ses rayons horizontaux donnent au fleuve l'apparence d'une vaste nappe d'or bruni dont la blancheur des ponts et des quais fait encore ressortir l'éclat.

Au-dessus de nos têtes, l'azur du ciel prend une teinte plus foncée, les profils des palais, la flèche aérienne de la Sainte-Chapelle, les tours assombries de Notre-Dame, se fondent merveilleusement sur l'horizon qui se colore insensible en un bleu de plus en plus sombre, doucement éclairé par le rayonnement des premières étoiles.

Paris, 3 *octobre* 1870. — Nous avons appris hier les capitulations de Toul et de Strasbourg. Ces deux malheureuses cités ont brûlé jusqu'à leurs dernières cartouches. Il était impossible de leur porter secours et l'on devait s'attendre à les voir succomber. Que va faire Bazaine à Metz? Tiendra-t-il encore un mois ou deux et pourrons-nous l'aller débloquer?

Metz et Strasbourg aux mains de l'ennemi, notre frontière reste entièrement ouverte; de ce côté, nous n'avons plus un seul point d'appui. Il est certain que les Prussiens fortifieront Strasbourg d'une manière formidable et mettront cette place en état de soutenir un long siège.

Et l'on nous a lancés dans cette guerre, affirmant que nous étions prêts ! Où sont-ils donc passés ces fameux boutons de guêtres, qu'on ne devait pas avoir besoin de remplacer avant six mois ?

L'effet produit par ces capitulations a été très mauvais.

La population devient inquiète et se demande quelle est la cause de l'inaction à peu près complète dans laquelle nous sommes restés depuis le commencement du siège [1].

1. D'après les données du grand état-major allemand, l'armée qui procéda à l'investissement de Paris ne comptait, dans les derniers jours de septembre, pas plus de 122,000 hommes d'infanterie, 24,000 de cavalerie et 622 pièces d'artillerie. Il en conclut que les chefs de la Défense de Paris n'ont peut-être pas fait tout ce qu'ils auraient pu pour rompre des lignes, rela-

Attaquons, attaquons prudemment, mais attaquons ; à chaque sortie mettons en ligne des forces supérieures à celles de l'ennemi ; n'épargnons pas notre artillerie, c'est elle surtout qui nous a fait défaut jusqu'à ce jour ; tenons l'armée prussienne sur un continuel qui-vive ; fatiguons-la par des sorties souvent répétées ; épuisons-la autant que possible par des attaques de détail : nous ne pouvons que gagner à adopter cette ligne de conduite.

En le proposant, je ne fais que résumer l'opinion générale.

Le gouvernement a perdu trois semaines, dont il aurait pu tirer parti pour organiser solidement l'armée, pour créer une artillerie qui nous manque. L'industrie privée ne demande que du travail, et si l'on s'y était pris à temps, elle pourrait commencer à livrer ses

tivement faibles au début. (Seinguerlet, *Propos de table du comte de Bismarck*, p. 119.)

Lire à cet égard l'opinion du général Ducrot, dans son *Résumé du Siège*, IV, p. 366 et suiv.

premiers canons. Ces tergiversations, ces hésitations qui sont connues de tout le monde, sont profondément regrettables,

. . . .

Le Temps, d'aujourd'hui, renferme plusieurs articles intéressants : de Victor Hugo, une admirable lettre qu'il faut lire d'un bout à l'autre [1]; de son correspondant militaire de

1. Cette lettre est trop longue, pour que je puisse la donner entière ici. On pourra l'apprécier, d'après le passage suivant :

« Tous au feu, citoyens ! Il n'y a plus désormais que « la France, ici, et la Prusse, là, rien n'existe que « cette urgence. Quelle est la question d'aujourd'hui ? « Combattre. — Quelle est la question de demain ? « Vaincre. — Quelle est la question de tous les jours ? « Mourir. — Ne vous tournez pas d'un autre côté. Le « souvenir que tu dois au devoir, se compose de ton « propre oubli : Union et unité. — Les griefs, les « ressentiments, les rancunes, les haines ; jetez-les au « vent. Que ces ténèbres s'en aillent dans la fumée des « canons. Aimons-nous pour lutter ensemble. Nous « avons tous les mêmes mérites. — Est-ce qu'il y a eu « ici des proscrits ? Je n'en sais rien ! Quelqu'un a-t-il « été en exil ? Je l'ignore. — Il n'y a plus de person- « nalités, il n'y a plus d'ambitions, il n'y a plus rien

Paris, un courrier, dans lequel j'ai surtout remarqué le passage suivant : « — Sans m'en « être aperçu, je tombai sur la garde avancée. « — Les balles viennent jusqu'ici ; « n'allez « pas plus loin, » me dit le sergent du poste. « Le rideau des tirailleurs était à cent pas ; « un sentiment qui ne se raisonne pas me do- « minait, j'y allai. — C'est la première fois « que je me suis trouvé sur la ligne de feu. « — Faut-il le dire ? je n'étais pas seul, j'avais « avec moi l'un de mes enfants à qui j'ai fait « prêter le *serment d'Annibal* contre tous les « ennemis de la grandeur et de la gloire de la « France, et c'était pour qu'il se rappelât ce « jour que je l'ai conduit jusqu'en vue des « armées prussiennes. »

« dans les mémoires que ce mot : « Salut public. » « Nous ne sommes qu'un seul Français, qu'un seul « parisien, qu'un seul cœur ; il n'y a plus qu'un seul « citoyen qui est vous, qui est moi, qui est nous « tous. — Où sera la brèche, seront nos poitrines. — « Résistance aujourd'hui, délivrance demain : tout est « là. — Nous ne sommes plus de chair, mais de pierre. « Je ne sais plus mon nom, je m'appelle : Patrie ! »

Voulant terminer gaiement et ma lecture et ma soirée, j'ai réservé pour la fin le feuilleton, dans lequel M. Sarcey raconte ses impressions pendant une journée de garde aux fortifications. Son récit est plein de sel, de bonne humeur, et le tout est lestement croqué sur nature [1].

Paris, 6 *octobre* 1870. — Chaque jour, les forts tirent quelques coups de canon. Il faut que l'on n'attache à ces démonstrations qu'une bien médiocre importance, car les rapports n'en parlent même pas.

Des nouvelles de la province nous sont parvenues ce soir par un numéro du *Journal de Rouen*. Aucun fait saillant ne s'est produit là-bas depuis notre investissement.

Gambetta devait partir ce matin pour Tours.

1. M. Sarcey l'a publié en entier dans son intéressant ouvrage : *le Siège de Paris*, p. 95 et suiv.

L'absence de vent a rendu impossible le départ du ballon qui devait l'emporter ; mais ce n'est que partie remise.

Hier, il y avait grande manifestation à l'Hôtel de Ville, sous la haute direction de Flourens. Les manifestants se sont présentés, armés jusqu'aux dents. Tous les gens vraiment sérieux et honnêtes blâment énergiquement une pareille conduite.

Un journal du soir annonce que l'on doit recommencer demain.

Paris, 7 octobre 1870. — Les forts de Vanves et d'Issy ont tiré ce matin de nombreux coups de canon. Il m'a semblé que le feu était dirigé contre Meudon et j'ai vu un de nos obus éclater sur la terrasse du château.

J'ai quitté le Point-du-Jour, pour reprendre la ceinture Nord et rentrer à Paris par Bercy.

Partout on élève des retranchements ; partout on construit des redoutes. Les fortifications sont devenues formidables et Paris semble imprenable par force. Sur l'avenue de Vincennes on travaille à la construction d'une énorme barricade.

Près du Louvre, j'ai aperçu, dans la direction du Nord, un ballon qui s'est élevé à une grande hauteur et a fini par disparaître au loin. Emporte-t-il Gambetta et notre fortune ?

Paris, 8 *octobre* 1870. — La manifestation que j'annonçais hier s'est produite. Ce sont toujours les citoyens Flourens et consorts, qui tiennent à faire parler d'eux, à tout prix. Ils réclament à la fois : la Commune, des élections et des chassepots. La place de Grève entière était couverte de ces braillards éhontés. Des clameurs prolongées de « Vive la Commune... la Commune ! » s'élevaient de cette foule, semblables à l'embrasement de longues et crépitantes traînées de poudre.

« — Citoyen, ai-je demandé à un orateur

qui pérorait sur le trottoir, au milieu d'un groupe, quelle est donc cette commune dont vous parlez ? »

Il faut croire que l'uniforme de mobile n'a pas cours légal chez ces gens-là, car dix voix se sont aussitôt élevées pour me traiter de « suppôt de Trochu. » Ne me sentant pas en force j'ai battu en retraite et me suis prudemment perdu dans la foule.

Je ne veux pas m'appesantir sur ces faits qui se trouvent rapportés, tout au long, dans les journaux du soir.

Nos *amis* de Belleville en seront pour leurs frais et M. de Bismarck se trompe s'il compte sur nos dissensions pour entrer dans la place. Ce n'est toutefois que partie remise, car tout ce monde-là voudra prendre sa revanche, lorsque nous serons débarrassés de l'ennemi.

Paris, 11 *octobre* 1870. — Gambetta vient d'effectuer heureusement son voyage aérien ; il est descendu près d'Amiens et doit être actuellement rendu à Tours ; on compte beaucoup sur lui pour organiser la défense en province.

Une quantité considérable de troupes a défilé sur le boulevard Saint-Michel, se dirigeant vers les fortifications.

Paris, 12 *octobre* 1870. — On s'attend à une prochaine affaire.

Paris, 13 *octobre* 1870. — Comme j'arrivais ce matin, à 9 heures, au Point-du-Jour, j'ai entendu le canon, qui commençait à tonner du côté d'Issy. J'ai rapidement gravi l'escalier qui conduit sur le pont et me suis placé en dehors du viaduc, à gauche, faisant face à Meudon. Le vent soufflait avec violence, on avait peine à se tenir debout et il était impossible de fixer une lunette sur le lieu de l'action. Des nuages de poussière s'élevaient à chaque instant en tourbillons aveuglants.

La canonnade était très nourrie ; les coups se succédaient avec rapidité des forts de Vanves et d'Issy; Montrouge devait être aussi de la partie, mais de la place que j'occupais, il m'était impossible d'en rien voir. Les batteries prussiennes installées sur les hauteurs de Châtillon répondaient vigoureusement à notre feu.

A 10 heures 1/2, une vive fusillade s'est engagée dans les bois, sur la droite de Bagneux, aux deux tiers de la côte. Pendant ce temps, l'artillerie continuait son roulement ininterrompu [1].

J'ai profité d'un moment de calme dans l'air pour braquer une lunette sur le lieu du combat, et j'ai distinctement aperçu une forte réserve d'artillerie française, abritée par un pli de terrain, très en avant des forts, dans la direction de Châtillon.

1. Là, périt vaillamment le comte de Dampierre, tué à la tête des mobiles de l'Aube. Dans cette journée les pertes furent à peu près égales des deux côtés. Les nôtres s'élevèrent à 416 hommes, tués ou blessés, à l'exception de 8 prisonniers.

Nos canons ont tiré jusqu'à 3 heures. A partir de ce moment le feu a cessé.

On ignore encore le résultat de cet engagement, mais d'après ce que j'ai vu, nos soldats ont emporté les positions attaquées.

De deux journaux que je viens de lire, l'un, l'*Électeur libre*, rapporte qu'à 2 heures 1/2, l'ennemi est revenu en forces considérables, appuyées par une nombreuse artillerie. Nous avons dû nous replier sous les forts. Le *Soir* affirme, au contraire, que les Prussiens ont vu leur attaque repoussée et que nous avons conservé tout le terrain conquis le matin.

Il paraît que nous avons perdu peu de monde et fait quelques prisonniers.

Le château de Meudon a été troué par nos boulets ; cette ancienne résidence du prince Napoléon brûle en ce moment.

Dans le parc de Saint-Cloud, la Lanterne de Diogène a été démolie par le canon du Mont-Valérien.

. . . .

Les opérations du siège prennent chaque jour un caractère de plus en plus grave. Nous entrons dans une période d'action. Avant qu'un mois soit écoulé, nous saurons peut-être si la fortune des armes, jusqu'alors contraire à la France, nous a continué ses rigueurs.

La population est unie et pleine de confiance, décidée à supporter toutes les horreurs d'un siège. Nous attendrons avec patience et courage qu'une trouée sanglante, faite à travers les rangs prussiens, nous permette de donner la main à nos frères de province.

Ce jour, au lieu de venir parader insolemment sur nos boulevards, son roi Guillaume en tête, l'armée ennemie reprendra le chemin dévasté, bordé de ruines encore fumantes, jonché à chaque pas des cadavres des nôtres, qui l'a amenée sous nos murs. Ce jour-là, les femmes de l'autre côté du Rhin pourront nous maudire à leur tour, car l'heure de la vengeance aura sonné, éclatante et terrible.

C'est demain l'anniversaire d'Iéna, on dit que Guillaume veut frapper un grand coup, afin d'immortaliser de nouveau la journée. Qu'il vienne, nous sommes prêts !

Paris, 14 octobre 1870. — Au lieu d'attaquer, les Prussiens ont demandé un armistice de six heures pour enterrer leurs morts.

J'ai aperçu, en passant à Auteuil, les ruines du palais de Saint-Cloud. La toiture s'est abîmée, les fenêtres ne présentent plus que des ouvertures béantes aux contours noircis par les flammes, mais les murs sont encore debout ; une épaisse fumée s'élève lentement vers le ciel, le feu couvera longtemps encore avant d'être entièrement éteint.

L'aspect de Paris devient de jour en jour plus triste ; le soir, les rues sont désertes, les boutiques ferment à la tombée de la nuit ; à 10 heures 1/2, les lignes d'omnibus cessent presque partout leur service, l'éclairage vient d'être réduit au strict nécessaire : telle est aujourd'hui la ville aux heures où elle se trouvait autrefois dans tout l'éclat de sa splendeur et de sa gaieté.

CHAPITRE II

De Paris à Nogent. — Arrivée au fort. — Nos environs. — Première garde. — La nuit du Bourget. — La vie au fort. — Reddition de Metz. — Émeute du 31 octobre. — M. Thiers à Paris. — Plébiscite. — Une sortie. — De garde la nuit.

Fort de Nogent, 21 *octobre* 1870. — Les affaires qui avaient motivé ma permission, se trouvant terminées, je suis allé m'engager au 5...e de marche. Le régiment est parti d'hier pour Nogent. Au dépôt, l'on m'a chargé de conduire six de mes futurs camarades qui sortent de l'ambulance du collège Chaptal.

A 4 heures nous avons pris, à la gare de Courcelles, le train de ceinture qui devait nous transporter jusqu'à Charonne. Là, il nous a fallu descendre et nous mettre en mesure de gagner, à pied et au plus tôt, notre lieu de destination.

Comme nous traversions le bois de Vincennes, la nuit tombait. Deux ou trois passants attardés empressés de regagner leurs demeures, un officier, suivi de son ordonnance, qui se dirigeait au grand trot vers Nogent, quelques enfants courbés sous une charge de bois mort qu'ils venaient de ramasser dans l'épaisseur des taillis furent nos seules rencontres. Pour parer à toute éventualité, chacun avait glissé une cartouche dans son canon et armé son fusil; nous défilions en silence le long des grandes allées désertes.

A Nogent, nous retrouvâmes un peu d'animation. Des soldats de toutes armes stationnaient en assez grand nombre sur une place, près du chemin de fer; l'un d'eux nous indiqua notre route et nous prîmes une large avenue, bordée, quelques jours auparavant, de beaux arbres que le génie venait d'abattre pour dégager complètement le terrain, en vue d'une attaque de l'ennemi. Les nombreuses villas, qui s'étageaient de chaque côté du chemin, nous parurent abandonnées.

Plus loin, une maison, dont les volets fermés laissaient filtrer quelques rayons de lumière, s'élevait isolée à notre droite. C'était une misérable auberge dans laquelle, après une courte délibération, nous décidâmes à l'unanimité d'entrer.

Nous pénétrâmes dans une cuisine étroite, aux murs autrefois blanchis à la chaux, qu'une unique lampe de cuivre, posée sur la cheminée, éclairait à regret de sa flamme incertaine et fumeuse. Dans une salle voisine, des hommes en blouse dévoraient un maigre dîner. Tout ce monde tourna brusquement la tête, au bruit que fit la porte en s'ouvrant, et nous examina avec une défiante attention. On nous servit notre part de l'ordinaire : du bœuf coriace garni de pommes de terre à l'eau, le tout relevé d'une sauce dont l'abondance ne rachetait nullement la qualité.

La course que nous venions de faire nous avait fortement aiguisé l'appétit, ce qui fit que personne ne songea à se montrer difficile.

Ce repas expédié à la hâte, nous reprîmes notre route vers le fort dont on apercevait à quelques centaines de mètres les grandes lignes noires se détacher sur le ciel.

Après avoir franchi une enceinte de palissades qui en défendaient l'entrée, traversé le pont-levis, qui fort heureusement était encore abaissé, nous pénétrâmes dans une vaste cour rectangulaire, remplie de tentes symétriquement rangées. La plupart étaient encore éclairées, ce qui nous permit de remarquer qu'entre chaque rang l'on avait empilé des barils remplis de terre, destinés à arrêter les éclats d'obus. Dans le fond s'élevaient deux casernes. Je grimpai lestement jusqu'au troisième étage de l'une d'elles, que l'on m'assigna comme logement, et, m'étant débarrassé de mon équipement, que je commençais à trouver passablement lourd pour mes épaules, je me jetai sur la paille qui garnissait le plancher. La tête sur mon sac, en guise d'oreiller, ma couverture de campement roulée autour du corps, j'essayai de m'endormir en attendant l'appel du matin.

Toute la nuit, j'ai entendu le vent frapper avec violence les hautes murailles qui nous servent d'abri.

Fort de Nogent, 22 *octobre* 1870. — Le fort de Nogent s'élève sur une hauteur, à l'extrémité sud d'un long plateau dont les premiers soulèvements naissent au nord-ouest, au delà de Romainville et dont les derniers viennent mourir près de la Marne, aux environs de la petite ville de Nogent.

Quand, par un hasard assez rare, le service nous appelle sur les remparts et que l'on jette un regard sur le pays d'alentour, on aperçoit près de nous, au nord, le fort de Rosny, construit sur la même ligne de hauteurs; son canon enfile la trouée, formée de l'autre côté par la butte isolée d'Avron, qui donne passage au chemin de fer de Mulhouse. Dans le fond, au resserrement des deux collines, se trouve le village de Rosny, dont on distingue le clocher et les maisons basses groupées autour de l'église. Avron se termine à son sommet par un plateau, terrain neutre, qui reçoit tour à tour, et, quelquefois en même temps, la visite des reconnaissances françaises et allemandes. A l'est, presque tout le pays qu'embrasse la vue est occupé par l'ennemi. Sur la rive droite de la Marne, nos avant-postes s'avancent au delà du carrefour de Plaisance et de là se rabattent sur la Marne.

A partir de cette position, en remontant la rivière, tout le terrain appartient à l'armée assiégeante : Chelles est la tête de ligne de ses convois d'approvisionnement et la nuit, lorsque l'air est calme, nous entendons, sur les rails, le roulement de ses trains maudits.

Au sud, au delà des redoutes de la Faisanderie et de Gravelle, nous possédons la presqu'île de Saint-Maur, qui s'avance au loin vers l'est, jusque sous les hauteurs de Chennevières. Un peu plus bas, sur la rive gauche, nous occupons encore le village de Créteil que cache à nos yeux un épais rideau de peupliers.

Plus bas, sur la rive gauche de la Seine, on distingue vaguement le fort d'Ivry,,construit sur un plateau peu élevé, vis-à-vis de Port à l'Anglais. En face de nous, sur le sommet des collines, Bicêtre, à la longue enceinte bastionnée, ne cesse d'inquiéter les positions allemandes de Villejuif, de l'Hay et de Thiais. Le soir, les éclairs de ses pièces rayent l'obscurité de leurs reflets sanglants: les grondements lointains et sourds du canon font éprouver la sensation énervante d'un orage qui s'approche.

A l'ouest, enfin, l'on devine l'emplacement du fort de Charenton, à cheval au confluent de la Seine et de la Marne dont il commande le double passage. Derrière Fontenay l'œil découvre le bois de Vincennes que domine le donjon noirci du château. Au delà des statues de la place du Trône s'étend au loin une immense tache, grise et confuse; on dirait une mer au-dessus de laquelle, semblables à des navires, s'élèvent des nefs et des clochers d'église, de merveilleux palais. C'est la grande ville, c'est Paris, qui souvent disparaît à nos yeux, noyé dans la brume.

. . . .

Lignards, artilleurs et moblots enfermés dans Nogent, nous formons une garnison d'environ 1,600 hommes.

Sur les remparts une soixantaine de pièces de divers calibres permettent de répondre à l'ennemi s'il lui plaît d'entrer en conversation avec nous.

Fort de Nogent, 25 *octobre* 1870. — Dimanche j'ai monté ma première garde au dehors. Notre poste, composé de onze hommes commandés par un sergent, occupait la maisonnette d'un garde-barrière, située à quelque distance du fort, à mi-route entre les stations de Nogent et de Rosny. Nous étions presque aux avant-postes. Pendant le jour, les soldats qui n'étaient pas de faction allèrent ramasser des pommes de terre dans les champs voisins. Ce supplément nous fit grand bien et compléta un ordinaire qui n'était pas abondant. Une marmite, abandonnée dans la cuisine, fut en un instant lavée, remplie d'eau et accrochée dans la cheminée où elle ne tarda pas à chanter. Les pommes furent bientôt cuites; saupoudrées d'un peu de sel, que nous avions eu la bonne idée d'emporter, elles furent trouvées délicieuses. Personne, durant le repas, ne s'aperçut que le pain nous manquait.

En face, sur la rive gauche de la Marne, nous voyions les Prussiens relever régulièrement leurs sentinelles. Bien que la distance qui nous séparait fût très grande, ils prenaient leurs précautions et se dissimulaient derrière les moindres accidents de terrain comme si une de nos décharges eût dû les coucher tous par terre.

Des coups de feu s'échangeaient de temps en temps entre Français et Allemands, de chaque côté de la rivière.

Nous sommes rentrés le soir au fort sans avoir rien observé de remarquable. On nous a fait passer la nuit à « l'avancée, » sous la tente, sur de la paille piétinée et humide ; il y faisait bien froid !

Toute la journée il a plu et venté ; on ne peut guère, sous peine d'être trempé, demeurer quelques minutes dans la cour, c'est pourtant notre unique distraction. Nous vivons là, sans nouvelles, séparés pour ainsi dire du reste du monde, n'ayant d'autre horizon que les murailles du fort, sur lesquelles se détachent les silhouettes de nos sentinelles.

C'est horriblement triste ! Quelques coups de canon, tirés des remparts, viennent seuls nous réveiller à de lointains intervalles.

Fort de Nogent, 28 *octobre* 1870. — Vers 10 heures, nous étions couchés depuis peu de temps, lorsqu'il me sembla entendre une forte canonnade.

La plupart des hommes de l'escouade, étendus sur leur paille, dormaient profondément. Seuls, trois ou quatre d'entre nous, que le sommeil n'avait pas encore gagnés, se relevèrent sans bruit et sortirent.

Bien que la nuit fût obscure, l'on apercevait les formes vagues et indécises de quelques groupes de soldats, qui, comme nous, s'étaient rendus dans la cour pour mieux écouter. Tout ce monde, attentif et silencieux, prêtait l'oreille à la voix du canon, dont les détonations violentes nous parvenaient, apportées par le vent du nord.

Une heure se passa ainsi. — Au bout de ce temps, voyant que nous n'en saurions pas plus long ce soir-là, chacun prit le parti de regagner sa chambrée. Une magnifique aurore boréale venait d'apparaître au ciel, qu'elle empourprait de ses lueurs d'un rouge sombre. « C'est le sang des nôtres qui crie vengeance, » dit à voix basse un de nos camarades.

Je ne suis pas superstitieux et pourtant cette réflexion me fit frissonner malgré moi.

Fort de Nogent, 29 *octobre* 1870. — Pendant une grande partie de la journée, le canon s'est fait entendre dans la même direction qu'hier.

Fort de Nogent, 30 *octobre* 1870. — Le combat, qui durait depuis deux jours, se livrait au Bourget. L'affaire a été des plus heureuses pour nous, les positions de l'ennemi sont restées entre nos mains, malgré de furieuses attaques des Prussiens pour les reprendre.

Nous étions bien tranquilles en entendant gronder le canon, on ne se doutait guère parmi nous qu'en cas d'insuccès on serait peut-être appelé à porter secours. De ce que rien d'extraordinaire ne s'est passé depuis, je conclus que nous sommes demeurés victorieux sur toute la ligne.

. . . .

Les journaux du matin contiennent de nombreux détails sur la prise du Bourget et les retours offensifs de l'armée allemande. — L'on parle d'une nouvelle attaque qu'aurait tentée l'ennemi, mais on ne sait rien du résultat final.

. . . .

La vie que nous menons est supportable, surtout si l'on n'attache pas une excessive importance à certains raffinements de toilette, qui, vu les circonstances présentes, peuvent être considérés comme de véritables hors-d'œuvre. — Quelquefois aussi, le côté pittoresque de notre existence compense, et au delà, les petites misères que le métier entraîne à sa suite.

La nourriture n'est pas fameuse, tant s'en faut. — S'il y avait seulement du cheval à discrétion ! C'est dur, peu succulent, mais encore s'estimerait-on heureux d'en recevoir, tellement est mauvais le lard que l'on nous donne.

Les lits manquent de confortable. Une mince couche de paille, étendue sur le dallage d'asphalte, qui garnit le rez-de-chaussée de la caserne, sert à la fois de sommier et de draps. Voilà le mobilier qu'on a bien voulu nous fournir ; inutile de dire que l'intendance se montre large envers nous et que, comme rechange, elle nous gratifie d'une botte de paille par quinzaine et par homme.

On dort pourtant là-dessus et fort bien, car lorsqu'il m'arrive de m'attarder à écrire ce journal et de jeter, avant de souffler ma bougie, un regard sur mes camarades de chambrée, je ne vois à l'entour de moi que jambes et bras croisés, enchevêtrés l'un dans l'autre; avec un grain d'imagination, on se croirait en pleine forêt, dans quelque clairière jonchée de troncs d'arbres que la cognée vient d'abattre.

De ce champ de bataille pacifique, couvert de corps jeunes, robustes et bien vivants, s'élèvent des ronflements sonores et prolongés que réprime à grand peine quelque voisin dont ils interrompent le sommeil. Un coup de pied, appliqué à tout hasard au milieu de cette masse confuse, lui imprime un léger mouvement d'oscillation et subitement le ronfleur se tait ; quelques hommes se soulèvent, les yeux à demi fermés, les lèvres ébauchant cette grimace que fait tout vrai dormeur qu'un importun réveille, puis ils se retournent et retombent lourdement sur l'autre côté; le reste, impassible, l'air béat, la bouche entr'ouverte, le képi rejeté en arrière, les cheveux mêlés et rabattus sur le front continuent tranquillement leur somme ininterrompu.

. . . .

A cinq heures et demie, réveil vigoureusement sonné par les clairons. Un léger frémissement, quelques soupirs étouffés indiquent seuls qu'on ait entendu : personne ne bouge ; la toilette n'est pas longue à faire quand on couche habillé. A six heures, nouvelle sonnerie, cette fois c'est l'appel auquel il faut se rendre, tout en rechignant, à moitié éveillé, la capote et la chevelure constellées d'une myriade de menus brins de paille enlevés à la litière sur laquelle nous avons passé la nuit.

Le soir, une toile de tente pliée en deux sert de tapis vert. Une bougie, qui sans cesse menace de s'éteindre sous la cendre des pipes que l'on y rallume à tout moment, éclaire une dizaine de joueurs, assis à l'orientale, dont les cartes sont le meilleur passe-temps. La passion se traduit énergique sur tous les visages, à l'approche des grands coups le silence devient si complet qu'on entendrait voler une mouche, — il s'agit d'une vingtaine de sous, qui permettront au gagnant de s'offrir à la cantine un fameux extra.

Parfois, au milieu du jeu, quelque plaisanterie au sel gaulois vient à éclater tout à coup. Un bon rire, franc et large, se propage à la ronde et pendant une minute la partie est oubliée.

Il se fait tard ; l'horloge du fort a sonné neuf heures. — La galerie, fatiguée, s'est étendue sur la paille et commence à ronfler ; les gagnants voudraient faire de même, les perdants, seuls, s'obstinent à continuer. La bougie, consumée, s'éteint brusquement et tranche la question en plongeant la chambrée dans une obscurité complète. Chacun, alors, regagne en tâtonnant sa place et va faire de son mieux pour regagner le temps perdu.

Demain, nous prenons la garde à 11 heures ; il nous faudra passer la nuit à la belle étoile, aux avant-postes.

Fort de Nogent, 31 *octobre* 1870. — On ne parle guère de politique parmi nous; les bruits du dehors viennent mourir à la porte et d'ailleurs, sur ce sujet, les idées de nos camarades de chambrée sont d'une simplicité primitive. J'entends souvent soutenir des raisonnements dont l'énormité fait dresser les cheveux sur la tête. Évidemment, ces hommes sont là, par ordre, parce qu'ils ne peuvent faire autrement; ils se battront bien, mais sans chercher à en connaître plus long.

J'excepte quelques jeunes gens intelligents et instruits, volontaires au régiment de ligne, qui tient garnison avec nous. Ceux-là ne sont pas des machines et savent ce qu'ils sont venus faire ici. Presque tous appartiennent au midi de la France, je me suis quelque peu lié avec deux d'entre eux, deux Bordelais, les deux frères, animés tous deux d'un patriotisme ardent. L'aîné est âgé de vingt-neuf ans, le cadet de dix-huit.

Quelle différence entre nos campagnards et

les habitants des villes! Les premiers, sous leur air simple et bonasse, dissimulent la plus belle somme de matérialisme que l'on puisse rêver, matérialisme inconscient, j'en conviens, mais d'autant plus dangereux, qu'il s'ignore comme celui de la bête féroce et qu'il rend l'homme sans cœur et sans pitié comme elle.

Bien peu songent à la mort qui peut nous frapper d'un moment à l'autre. Les situations pénibles ont, il est vrai, l'avantage d'émousser promptement la sensibilité des patients ; on s'y fait, et c'est sans doute un bonheur.

Fort de Nogent, 1er *novembre* 1870. — C'est aujourd'hui la Toussaint. — Ce matin, lorsqu'en montant ma garde à la poterne nord de la redoute, j'ai vu les bois, qui de l'autre côté de la Marne ferment l'horizon, éclairés par les premiers rayons du jour, dessiner au loin leurs masses d'un violet sombre, je me suis pris à penser à l'emploi que je faisais autrefois de ma journée quand j'avais le bonheur d'habiter la maison de mon père.

Ces souvenirs, hélas ! sont loin d'être gais, et pourtant les nouvelles qui viennent de nous parvenir ne sont pas de nature à dissiper la tristesse qui m'accable. Les rumeurs, éditées depuis trois jours par le journal *le Combat*, ont recommencé à courir, empreintes cette fois d'un caractère d'indiscutable autorité. De tous côtés se croisent les mêmes bruits, différents comme forme, invariables au fond :

« Metz s'est rendu, Bazaine a capitulé avec toute son armée ! »

Sous le coup de ces nouvelles et d'une sanglante défaite à la suite de laquelle nous avons reperdu le Bourget, Paris est en pleine effervescence, un mouvement populaire a éclaté, on se bat dans les rues !

La nuit arriva, me laissant sous l'impression de cet horrible inconnu.

Tantôt seul, faisant faction, les mains

appuyées sur le canon de mon fusil ; tantôt, pendant des intervalles qui s'écoulaient entre les gardes, assis sur le revers d'un fossé, au milieu de mes camarades assoupis, je prêtais tristement l'oreille au silence si plein de choses de la nuit et j'écoutais le vent, qui, par rafales, s'engouffrait en gémissant sous la toile de tente qui nous servait d'abri.

Une fumée épaisse de bois vert et d'échalas humides m'aveuglait et m'irritait les yeux. La flamme, qui, par instants, s'élevait de notre foyer, éclairait de ses mobiles reflets la palissade de l'enceinte, derrière laquelle se détachaient plus loin les silhouettes incertaines de nos sentinelles. De temps à autre, leurs baïonnettes lançaient des lueurs fugitives qui, semblables à des éclairs, sillonnaient de leurs raies blanches l'obscurité du ciel.

Quelle atroce nuit ! fatigué par une longue insomnie, torturé par les réflexions que m'inspiraient les événements de la journée, j'adressai à Dieu, dans ma détresse, une ardente prière et le suppliai de prendre en pitié notre cher et malheureux pays.

. . . .

A huit heures, j'ai couru comme un fou, jusqu'à la porte du fort, pour chercher les journaux que l'on nous apporte habituellement. Le marchand s'est fait attendre une longue heure que j'ai passée en compagnie des deux jeunes Bordelais, mes nouveaux amis.

Nous avons parlé des événements et nous sommes rencontrés dans nos tristes prévisions.

Nous apercevons le marchand de journaux qui monte la rue de Fontenay ; il n'a ni le *Temps* ni beaucoup d'autres feuilles. Je lui arrache le *Siècle*. — La capitulation de Bazaine est officielle, les troubles de Paris sont confirmés. On crie à la trahison : « Nous sommes vendus ! » — La garnison est démoralisée ; si nous sortions ce matin, nous serions vaincus d'avance, sans même avoir combattu. Pour quelques-uns, ces désastres présagent la fin de la guerre, ces malheureux laissent percer leur joie de retourner bientôt dans leurs foyers. Que leur importe à ceux-là de passer sous le joug allemand et que la France périsse !

Je ne me sens aucune énergie, j'ai pleuré ce matin comme un enfant. J'enviais le sort de ceux qui sont morts : ceux-là, du moins, n'ont pas assisté à de pareils désastres. Pauvre France, il faudrait un miracle pour te sauver! Maintenant j'ai cessé d'espérer et je me remets à Dieu seul. Puisse-t-il exaucer la prière que je lui adressais cette nuit!

En deux mois à peine, tomber de si haut! et cela par la faute d'un homme dont une longue lâcheté nous a rendus complices. Comme je me sens fier d'avoir voté *non* au plébiscite; ceux qui ont donné leur « oui » à Napoléon doivent avoir aujourd'hui un fameux poids sur la conscience.

Fort de Nogent, 2 *novembre* 1870.— M. Thiers vient d'arriver à Paris, porteur d'une proposition d'armistice soumise par les grandes puissances à l'acceptation des belligérants. Si les négociations entamées aboutissent, le pays devra nommer une assemblée qui décidera de la continuation de la lutte ou de la conclusion de la paix. Tant que durerait la suspension d'hostilités, Paris se ravitaillerait proportionnellement à la durée de l'armistice.

Fort de Nogent, 3 *novembre* 1870. — Le parti de l'ordre a eu le dessus : l'émeute de l'Hôtel de Ville a été écrasée. Pour assurer son succès, le gouvernement a recours à un plébiscite, et la population formulera par *oui* ou par *non* son jugement sur la façon dont nos gouvernants se sont comportés depuis les débuts du siège. Tout le monde est appelé à voter, l'armée aussi bien que l'élément civil ; je fais mon possible pour que les camarades votent *oui*.

J'espère que le gouvernement obtiendra une immense majorité ; c'est le meilleur moyen de lui assurer la confiance dont nous manquons peut-être à l'étranger; c'est aussi la seule façon d'imprimer aux opérations militaires une direction plus énergique et de hâter, par cela même, la conclusion de la paix.

Si la mission dont M. Thiers s'est chargé pouvait donc aboutir; si l'exaltation qui anime les esprits pouvait tomber et faire place à des sentiments plus humains, nous bénirions tous cet armistice. Je suis sûr aussi que dans l'armée allemande, la nouvelle de la paix serait accueillie avec autant de joie que chez nous.

. . . .

Hier soir, le lieutenant R..... de la 4e compagnie, a été blessé aux avant-postes. Deux balles l'ont atteint, l'une au poignet, l'autre dans l'aine. Je l'ai vu rapporter au fort, sur une civière et tout couvert de sang; on le dit perdu. C'est un jeune homme de vingt-trois ans, excellent garçon, très aimé des hommes placés sous ses ordres.

Fort de Nogent, 5 *novembre* 1870. — Quelle belle journée nous avons eue hier! Le vent était tombé; au-dessus de nos têtes, pas un nuage ne tachait l'azur du ciel dont les profondeurs infinies resplendissaient aux rayons d'un joyeux soleil. Je me suis promené deux heures dans la cour du fort. C'était à se croire aux premiers jours du printemps.

Nous avons tiré une trentaine de coups de canon dans la direction de Noisy-le-Grand.

Un de nos hommes a été tué ce matin, en reconnaissance.

Le vote plébiscitaire a donné au gouvernement une majorité écrasante, on ne pouvait souhaiter davantage : 557,000 oui, 62,000 non.

Fort de Nogent, 7 *novembre* 1870. — L'armistice n'est pas conclu, il nous reste à aller jusqu'au bout. Une décision bien arrêtée vaut mieux, malgré tout, que cette incertitude qui amollissait les courages.

Hier soir, un concert, improvisé par quelques amateurs, réunissait dans une chambre, au troisième étage, un public nombreux qui brillait surtout par l'absence de l'élément féminin. « Que serait-il venu faire dans cette galère ? »

Absents aussi, les marchands de journaux, de lorgnettes et d'oranges. Leur étourdissant vacarme est avantageusement remplacé par le bruit des bidons qui passent de main en main; par le crépitement des allumettes frottées sur le dos des boites.

On vient de frapper les trois coups. Le rideau se lève, ou plutôt se tire des deux côtés, ce qui donne à la scène un faux air d'alcôve, et la représentation commence au milieu d'une attention et d'une fumée générales.

Chansonnettes, chants patriotiques, vaudeville de circonstance, sont applaudis à tout rompre.

L'ennemi a eu l'attention délicate — faut-il lui en savoir gré ? — de ne pas interrompre la fête. Un ou deux obus, tombant sur le fort, auraient vite fait de mettre tout notre monde, acteurs et public, en déroute.

. . . .

J'ai assisté, ce matin, à l'enterrement de notre camarade qui fut tué hier. Après un service d'une brièveté toute militaire, célébré dans la casemate qui sert de chapelle, nous avons accompagné le cercueil jusqu'au cimetière de Fontenay-sous-Bois, puis nous sommes rentrés au fort, et chacun de nous a repris ses occupations habituelles.

Nous sommes mal nourris, il est impossible de se procurer quoi que ce soit. J'ai eu toutes les peines du monde à trouver quelques tablettes de chocolat que je grignote en dévorant la croûte de ma « boule de son. » Comme viande, nous ne recevons que du lard infect venant d'Amérique ; on jurerait du suif. Rien qu'à y songer, le cœur se soulève et les nausées vous prennent.

Fort de Nogent, 9 novembre 1870.— Hier soir, le fort de Rosny se mit subitement à tirer avec rage ; au même instant, les sergents passèrent dans les chambrées et donnèrent l'ordre que tout le monde se tînt prêt à partir au premier signal. Défense formelle de se déshabiller — ce qui veut dire ici « quitter ses chaussures. » — La nuit fut pourtant très calme et se passa sans aucun incident.

Ce matin, on remarque chez nous une animation insolite ; des détachements sont sortis. Les ordres se croisent en tous sens et parfois se contredisent. On dirait qu'une action est proche : impossible de prévoir de quel côté s'engagera l'affaire.

Nous comptons quitter Nogent vers le commencement de la semaine; le bruit court que c'est pour passer sous le commandement direct du général Trochu.

Nogent, 10 *novembre* 1870. — Il était écrit que la journée d'hier devait se terminer par quelque chose d'imprévu.

La nuit commençait à tomber lorsqu'une vigoureuse batterie nous transmit l'ordre de mettre sac au dos. Les hommes, qui achevaient de manger leur soupe, prêtent l'oreille; un second roulement de tambour, plus impérieux que le premier, lui succède à quelques secondes d'intervalle. Au même instant, les sous-officiers arrivent : « Aux armes! s'écrient-ils; rien que vos fusils et vos sabres, cartouchières pleines! »

On se précipite, en tumulte, sur ses armes. Le premier moment est tout à la surprise et au désordre; chacun boucle à la hâte son ceinturon, emplit fiévreusement sa cartouchière et ses poches de munitions, fait manœuvrer la batterie de son fusil, afin de s'assurer si elle fonctionne bien. Ces préparatifs ne prennent guère que quelques minutes et la colonne se trouve immédiatement formée dans la cour.

Des forces prussiennes considérables se massent aux environs, et le fort va être attaqué.

Les compagnies défilent sous les fenêtres, les hommes marchent sans bruit, on n'entend que les commandements de manœuvre, qui se font, peut-être, d'une voix plus émue et plus vibrante que d'habitude.

Une chose, pourtant, dans tout cela, m'étonnait : Nos canons continuaient à garder le silence obstiné qu'ils avaient observé depuis trois jours. Si les Prussiens avaient marché contre nous, le fort n'aurait pas dû perdre une aussi belle occasion de les saluer comme ils le méritaient.

Plus d'une demi-heure se passa de la sorte, dans l'incertitude et l'anxiété, puis du côté de la porte du fort l'on entendit un bruit sourd, pareil à celui que fait une forte troupe en marche.

C'étaient nos hommes qui rentraient aussi bruyants qu'ils étaient partis silencieux. La fameuse sortie n'était qu'une simple manœuvre, destinée à habituer et à instruire la garnison.

Les héros de cette expédition blaguèrent bien avant dans la nuit. Ceux d'entre nous qui avaient besoin de dormir maudirent longtemps cette intempérance de langues. Enfin, vers minuit, les plus enragés bavards finirent par se lasser, et chacun put se livrer tranquillement au sommeil.

Ce soir, il a neigé.

Vers sept heures, les forts du sud, Bicêtre et Montrouge, ont tiré de nombreux coups de canon.

Fort de Nogent, 12 *novembre* 1870. — Je reviens de Paris, où je n'ai fait qu'une courte apparition. La route est très longue, ce qui fait que le voyage absorbe la meilleure partie de la permission qui nous est accordée.

La ville m'a paru triste. En passant près du Luxembourg, j'ai remarqué que le jardin était ouvert au public. L'immense troupeau qu'on y avait parqué au commencement du siège a disparu. Tout a été dévoré.

. . . .

Deux ballons sont passés ce matin au-dessus du fort.

Le premier se trouvait à une faible hauteur et les aéronautes jetaient du lest afin de s'élever avant leur arrivée sur les lignes prussiennes; les sacs de sable laissaient échapper une fine poussière qui. dorée par le soleil, se fondait sur le bleu du ciel et ressemblait à une longue traînée de poudre d'or.

Les deux aérostats ont rapidement disparu dans la direction du nord-est[1].

1. Ces deux ballons étaient le *Niepce* et le *Daguerre*. Le dernier, poursuivi par les Prussiens fut obligé de

Fort de Nogent, 13 *novembre* 1870. — Le fort a recommencé son tir et nos obus ont allumé des incendies dans Bry-sur-Marne. Au-dessus du village s'élève une colonne de fumée noire qui dénote les progrès du feu.

Les forts du sud ont tiré comme des enragés. Nous commençons à souffrir de la faim : que serons-nous dans un mois si cela continue ?

Fort de Nogent, 15 *novembre* 1870. — Je rentre de garde, la journée a été bonne, je n'ai pas songé un seul instant à m'ennuyer.

Notre poste occupait la maisonnette du chemin de fer dont j'ai déjà parlé. Au lieu de revenir coucher au fort, comme la dernière fois, nous sommes restés sur place toute la nuit.

Rien n'est changé dans le pays, les arbres

s'abattre à Ferrières ; les trois aéronautes qui le montaient, les dépêches et les pigeons tombèrent au pouvoir de l'ennemi.

ont seulement perdu leurs feuilles et la vue s'étend plus loin sur la campagne. Des deux côtés de la voie, les champs ont été retournés par les maraudeurs en quête de légumes.

J'ai monté quatre gardes, en tout sept heures dont quatre de nuit.

J'ai passé ce temps près du pont, jeté sur le chemin de fer, sur lequel passe la route de Nogent à Neuilly. Ma consigne était de demander les laisser-passer des personnes que j'apercevais dans mon rayon de garde. J'arrêtais celles qui n'en étaient pas munies et je les obligeais à rebrousser chemin.

On n'est pas assez dur pour ce monde-là ; si l'on savait le nombre de faces patibulaires qui rôdent actuellement à travers la banlieue. Le vol et l'exploitation des propriétés sont organisés sur une vaste échelle. Tel vaurien qui, chez lui, ne possède pas deux chaises, se fait délivrer aux mairies des communes suburbaines installées dans Paris, un permis de déménagement ; on s'entend alors avec un compère qui fournit le nombre suffisant de voitures et, de concert, on va mettre au pillage les riches maisons de la contrée; rien n'est plus facile, presque toutes ont été abandonnées par leurs habitants.

Un conseil de guerre, dont les jugements seraient sommairement exécutés, voilà ce qui conviendrait à ce ramassis de vagabonds et de bandits, dont la plupart, non contents de voler, servent d'espions à l'ennemi.

Vers minuit, je me suis rendu au poste que l'on m'avait assigné, en ayant soin de ne faire aucun bruit qui pût déceler ma présence. Entièrement caché par les branches des arbres abattus en travers de la route, j'ai attendu, immobile, que mes deux heures de faction prissent fin.

Avant de partir, j'avais fait bouillir dans la marmite des pommes de terre assaisonnées de quelques tranches de lard. Tout le monde a trouvé ma cuisine délicieuse, j'avoue que j'en ai pris ma bonne part et que je m'en suis bien

5.

trouvé : Il ne fait guère bon à monter, le ventre creux, sa garde par un temps pareil.

Autour de moi l'œil n'embrassait qu'un horizon noir, borné à quelques pas seulement. Le vent soufflait avec force, agitant les branchages qui me fouettaient le visage, tandis que les fils télégraphiques, supportés par les quatre poteaux fixés sur le pont, ne cessaient de murmurer leur plainte mélancolique et monotone.

Dans cette solitude et cette obscurité, l'imagination aidant, on voit se mouvoir des formes étranges ; au moindre bruit, l'oreille se tend inquiète, et le frôlement léger d'une feuille morte qui roule sur les cailloux du chemin fait éprouver la sensation d'un danger proche et mystérieux ; retenant son souffle, l'arme en avant, le doigt prêt à faire feu, on attend quelques minutes... et rien ne bouge.

Allons, c'est une fausse alerte qu'il faut mettre sur le compte de nerfs surexcités.

L'horloge du fort sonne deux heures, la fin de ma faction; je cède de bon cœur la place au camarade qui doit me remplacer; il pleut à verse et je ne sais comment j'ai pu descendre la pente glissante qui mène à la voie ferrée. Je suis rentré tout mouillé me réchauffer aux restes d'un feu allumé par nos hommes dans la cheminée; puis, ma couverture enroulée autour du corps, je me suis étendu sur le plancher. Si ce lit était dur, il avait l'inestimable mérite d'être sec, j'y ai dormi d'un profond sommeil jusqu'au matin et je me suis réveillé frais et dispos : avec quel bonheur on salue le jour après une nuit pareille !

En rentrant au fort, nous apprenons la reprise d'Orléans par l'armée de la Loire; tout le monde est rayonnant.

Ce soir, notre canon et la Faisanderie tirent sur la rive gauche de la Marne et délogent les Prussiens des positions qu'ils occupent.

Depuis quelques jours on a exécuté chez

nous d'importants travaux. On dit que l'armée du prince de Saxe, qui nous fait face, doit tenter prochainement une attaque. Je ne sais si nous n'avancerons pas les premiers.

CHAPITRE III

Fausse alerte.— Paris s'organise pour la lutte. — Fabrication de canons. — Retour au fort. — Nous partons! — De Nogent à Saint-Maur.— Clair de lune gênant.— Champigny.— Les deux batailles.— Sans vivres.

Fort de Nogent, 18 *novembre* 1870. — Nous avons encore été de garde à la maisonnette, et la journée s'est terminée par une assez plaisante aventure.

Depuis une demi-heure, il faisait nuit, les hommes qui n'étaient pas de faction s'étaient retirés à l'intérieur de la maison, on avait allumé un bon feu et soigneusement fermé les volets pour que l'ennemi ne pût soupçonner notre présence. Devisant de choses et d'autres, nous nous préparions à passer aussi gaiement que possible la soirée. Le sergent qui commandait le poste était un brave garçon, type de méridional du côté d'Agen, intelligent et point hâbleur, contrairement à la réputation que l'on a faite aux gens de son pays. Les pieds près des tisons, nous écoutions le récit de ses campagnes et les conseils qu'il nous donnait, lorsqu'une sentinelle avancée qui s'était repliée rapidement, entra tout essoufflée dans la salle.

— Sergent... une troupe... je les ai entendus... ils arrivent !

On ne put guère saisir que ces mots, bredouillés d'une voix entrecoupée.

L'émotion de notre homme était trop profonde pour que personne songeât un seul instant à la discuter, dans une minute peut-être les Prussiens allaient nous tomber sur le dos ; il était urgent d'aviser.

Le plan de défense fut bientôt tracé. Du côté de la maisonnette, les barrières du passage, reliées par des poutres, disparaissaient presque en entier sous des troncs d'arbres, aux branches encore garnies de feuilles, qu'on avait traînés jusque-là. Cet obstacle, construit à la hâte, constituait une barricade, à l'abri de laquelle on pouvait essayer de résister, du moins pendant quelque temps.

Cachés dans le feuillage, genoux à terre, fusils en joue, le cœur battant violemment, nous attendîmes que l'ennemi se montrât. Au bout d'un quart d'heure nous n'avions aperçu ni entendu âme vivante.

— Relevez-vous, dit le sergent, nous allons rentrer, ce n'est rien, et vous b..... d'imbécile, en s'adressant à l'auteur de l'alerte, tâchez d'entendre plus clair une autre fois.

. . . .

Ce matin comme nous remontions la colline au sommet de laquelle se dresse le fort, le brouillard s'élevait lentement du fond de la vallée ; de larges nappes de soleil y pénétraient joyeusement et sur les bords de la Marne, les maisons de Nogent paraissaient sortir encore à moitié endormies du long sommeil de leur nuit d'automne. On dit que nous allons quitter Nogent, j'en éprouve une sorte de regret, je commençais à connaître ce pays et à l'aimer.

Paris, 22 novembre 1870. — Par ordre, j'ai été envoyé à Paris, mon absence va durer quelques jours, puis je reviendrai au fort où notre régiment est resté.

. . . .

Il faut croire que j'ai joliment jeûné là-bas, ici j'ai faim à tout moment de la journée. Deux heures après le dîner, je me sens repris d'un appétit formidable, aiguisé sans doute par la vue des magasins de comestibles qu'on rencontre le long des boulevards. A Nogent, nous n'avons pas la même tentation. Potel et Chabot n'ont pas encore songé à établir une succursale à l'intérieur du fort; pour nous malheureux moblots, il serait plus facile de prendre que de payer.

J'ai rencontré, sur le boulevard, M. G..., un des rédacteurs du *Temps*, que j'ai l'honneur de connaître; nous avons longuement parlé du siège et comme je le pressais de me donner son opinion, il m'a répondu :

— « On a gaspillé six grandes semaines « qu'on aurait pu mettre à profit pour orga- « niser l'armée et spécialement l'artillerie, « nous devrions en être autrement montés « que nous le sommes aujourd'hui. Le Gou- « vernement provisoire croyait sans doute « que Paris ne pouvait tenir longtemps, il a « hésité, perdu la tête, pris toutes demi-me- « sures et laissé fuir de la sorte un temps « précieux. »

Et sur ma demande :

— Avez-vous bon espoir?

Il a secoué la tête d'une façon significative en ajoutant :

— Nous aurions dù agir plus énergiquement et plus tôt ; les mesures sérieuses ont été prises trop tard[1].

La population n'est nullement abattue, soutenue par la fièvre, pleine de bonne volonté, prête à tous les sacrifices, elle espère que le siège finira bien. Quelle déception et quelle rage si Paris est obligé d'ouvrir ses portes! Il y aura, ce jour-là, une immense explosion de colère. Contre qui ? Si la lutte venait à recommencer dans nos murs entre le peuple et l'ennemi, ce serait quelque chose d'effroyable. Ce malheur peut pourtant arriver.

Les compagnies de marche de la garde nationale s'organisent chaque jour, leur effectif sera nombreux et capable d'aider puissamment la défense. L'esprit de ces nouvelles troupes m'a paru excellent.

1. Les bureaux du ministère de la guerre étaient convaincus que la lutte ne pourrait se prolonger. (Ducrot, *Défense de Paris*, I, p. 80.)

Tous ces préparatifs de lutte, tous ces hommes d'un âge mûr qui s'arrachent, d'eux-mêmes, à leurs occupations pour endosser la capote et s'armer d'un fusil, me font songer à ce que la guerre présente de stupide et d'horrible. Nous, au moins, nous luttons « *pro aris et focis*, » mais nos adversaires, qu'on disait gens éclairés et intelligents, que font-ils dans cette bagarre? Ne comprennent-ils pas que ce n'est que pour leur Guillaume qu'ils se battent et non pour eux ?

Au lieu de se laisser griser par la fumée, l'Allemagne devrait bien plutôt envisager d'un œil calme et froid les conséquences qui découleront pour elle du nouvel état de choses, méditer longuement cette vérité dont nous lui fournissons en ce moment la preuve trop évidente que les peuples sont responsables de l'ambition de leurs gouvernants et se dire que des *Te Deum*, des rubans et des titres sont maigre nourriture pour une nation.

Que n'écoutent-ils Jacoby? il se montre plus clairvoyant qu'eux à cet égard[1].

Paris, 23 *novembre* 1870. — Ce matin, au ministère des travaux publics, je me suis longtemps entretenu avec M. C..., membre du Comité de défense de Paris.

La conversation est tombée sur la fabrication des canons.

— Nous avons actuellement, m'a dit M. C., six batteries de campagne, de construction nouvelle, prêtes à marcher.

— Eh quoi! lui ai-je répondu, si peu que cela? Et je lui ai énuméré successivement tous les reproches que Presse et public adres-

1. Jean Jacoby, l'éminent philosophe politique de Kœnigsberg, fut arrêté sur l'ordre du général Vogel de Falkenstein, sous l'inculpation de haute trahison, parce qu'il avait protesté contre la continuation de la guerre. (Seinguerlet, *Propos de table*, etc., p. 210.)

sent chaque jour au gouvernement de la Défense.

« M. C., sans s'émouvoir, m'a répliqué que « 36 canons n'étaient pas chose que l'on dût « dédaigner, il n'a fait ensuite que me confir-« mer, tout en se plaçant à un point de vue « différent, ce qui m'avait été dit par M. G..., « dans notre conversation d'hier. »

— Des chassepots, en fabriquez-vous aussi?

— Nous en avons passé une commande de 50,000, livrables le 15 février.

— Qu'en comptez-vous donc faire à cette époque ?

— Il est fort possible, mon cher monsieur, a répondu M. C., qu'à cette date, la lutte ne soit pas encore terminée ; la ville est approvisionnée pour longtemps et les travaux de défense que l'on a construits peuvent résister à n'importe quelle attaque de l'ennemi.

« Croyez-vous que d'ici là, le découragement, des revers subits, en un mot, tout cet

« imprévu qui existe à la guerre encore plus « qu'ailleurs, ne puissent amener l'armée « prussienne à lever le siège.

« Quand même il en serait autrement, ces « commandes, dont vous critiquez la loin- « taine livraison, ont eu pour but, en dehors « des considérations militaires, d'occuper bon « nombre d'ouvriers qui sans cela courraient « le risque de demeurer affamés, sans res- « sources, sur le pavé. »

Les deux opinions que je viens de rapporter résument assez bien, suivant moi, la situation actuelle. Tout en conservant quelque espoir, nous avons devant nous un avenir sombre et bien incertain. Peu de gens pensent de la sorte; chacun croit, au contraire, que la question va se trouver prochainement tranchée.

. . . .

En vérité, j'ai peine à croire qu'il soit donné à des hommes de vivre d'une pareille vie! Si l'on savait quelle fièvre agite ce grand corps qui s'appelle Paris!

Par moments l'on croit rêver en proie à un affreux cauchemar. Ce rêve-là, nous le vivons pourtant chaque jour depuis deux mois ; et de ces jours, deux millions de Français, bloqués, séparés des leurs et du reste du monde, comptent anxieusement les heures et les minutes, attendant une délivrance qu'on espère prochaine.

Paris, 26 *novembre* 1870. — J'ai rencontré ce matin, rue de Rivoli, une compagnie de marche de la garde nationale, qui, équipée en guerre, se rendait au fort de Montrouge, où elle allait tenir garnison. Le bataillon entier faisait aux partants une conduite d'honneur. En passant devant le ministère des finances, les hommes ont reconnu M. Ernest Picard, qui, debout sur le balcon, regardait défiler la petite troupe ; les képis se sont aussitôt soulevés et de nombreux cris de « Vive la République ! » ont salué le ministre.

M. Picard est bien changé ; ce n'est plus le brillant tirailleur qui, les années précédentes, faisait à chaque instant, et d'une façon si heureuse, le coup de feu contre l'Empire. Le visage pâli, les yeux gonflés, le sourire disparu, disent mieux que de longs discours combien est lourde la responsabilité qu'ont assumée les membres du Gouvernement de la Défense.

La garde nationale, elle aussi, est loin des manifestations du commencement du siège. Qu'est-il devenu le temps où, par un soleil matinal, on revenait du rempart, les fusils garnis de bouquets et de feuillage, la chanson aux lèvres. Personne aujourd'hui ne songe à rire ni à chanter.

Fort de Nogent, 28 *novembre* 1870. — Depuis deux jours je suis de retour au fort. Pendant mon absence on a hissé sur le rempart Est quatre grosses pièces de marine se chargeant par la culasse; leur tir porte à 8,000 mètres. Les lignards sont partis; un bataillon de chasseurs à pied les a remplacés. Nous avons reçu un renfort de quatre-vingts marins.

La route de Nogent à Neuilly est complètement débarrassée des troncs d'arbres qui l'obstruaient. Notre redoute a été désarmée, les canons ont été amenés dans la cour où ils se trouvent rangés, prêts à partir.

Les portes de Paris sont fermées depuis hier; sauf pour le service, personne ne peut entrer ni sortir.

Une division entière vient de traverser le faubourg Saint-Antoine, elle se dirige sur Charenton.

D'après les bruits qui courent, nous allons essayer de forcer de notre côté la ligne d'investissement. On espère rencontrer moins d'obstacles ici qu'au sud et à l'ouest de Paris. La réussite de ce plan rendrait inutiles les nombreux travaux qu'ont élevés les assié-

6

geants sur la chaîne de collines et de plateaux qui couvrent Versailles.

Quand même l'action se ferait attendre quelques jours, chacun sent que l'on approche d'un moment décisif. Il y a dans l'air ce quelque chose qui ne se peut définir, mais que l'on éprouve souvent avant la catastrophe ou l'orage.

Gravelle et Nogent canonnent vigoureusement Champigny.

Ce soir. — Les artilleurs viennent d'emmener les canons, le roulement des pièces résonne encore sous la voûte de la porte du fort.

Toute la journée on a travaillé sur les remparts avec une activité fiévreuse et mis je ne sais combien de nouvelles pièces en batterie.

Un grand mouvement de troupes se dessine au dehors ; au point du jour l'armée doit emporter Bry-sur-Marne. Cette position enlevée, l'attaque va s'étendre sur toute la ligne.

Jules Favre et le général Trochu sont attendus ici d'un moment à l'autre.

Neuf heures du soir. — Nous recevons l'ordre de partir à l'instant... Que Dieu nous protège et vive la France! Un tumulte et un désordre indescriptibles règnent dans la caserne.

Chacun court affairé à ses derniers préparatifs; beaucoup ont l'air d'avoir perdu la tête et de ne savoir ce qu'ils font. . . . .

. . . .

Vers dix heures, après nous avoir fait, non sans peine, ranger en colonne, les officiers donnèrent le signal du départ et le régiment s'ébranla et sortit du fort. Mon escouade se trouvait en tête, derrière l'avant-garde. — Les hommes causaient et riaient, mais il était aisé de voir que cette gaieté n'était pas naturelle; en s'y livrant, on avait pour seul but de dé-

tourner le cours de ses pensées. Nombre d'entre nous avaient absorbé d'un trait les rations de vin et d'eau-de-vie reçues avant le départ. Plus d'un cerveau et plus d'une paire de jambes s'en ressentaient légèrement.

Nous prîmes la route qui mène à Nogent, puis nous redescendîmes vers la Marne. La nuit était noire et le chemin difficile.

De tous côtés on ne rencontrait que troupes en marche.

A l'extrémité du bois de Vincennes, un officier, qui stationnait à cheval à une bifurcation de routes, vint reconnaître le régiment. Après un court entretien avec notre colonel, il lui donna l'ordre de se diriger par Joinville sur Saint-Maur-les-Fossés, où l'on devait recevoir les dernières instructions.

Vers minuit nous étions rendus au lieu qu'on nous avait assigné; nous fîmes halte près des réservoirs d'eau construits en dehors du village sur une colline qui domine la Marne. Nous restâmes là trois heures, attendant que le fameux ordre arrivât. — Une partie des hommes demeura sur la chaussée, le reste s'assit ou se coucha comme il put, sur un long entassement de pavés, rangés sur le trottoir parallèlement au chemin. On avait beau chercher à dormir, le froid était trop vif et nos jambes se glaçaient ; bon gré mal gré il fallait se relever et marcher afin de se réchauffer un peu.

A trois heures et demie on se remet en route. Après avoir fait maints détours, haltes et reconnaissances, nous approchons enfin du terme de notre voyage et nous apercevons la Marne qui coule presque immobile à quelques pas de nous.

Un mur crénelé court en cet endroit le long de la rivière ; les compagnies s'échelonnent successivement derrière ; comme notre escouade se dirige à son tour vers la place qu'elle doit occuper, un rayon de lune glisse sournoisement entre deux nuages et vient éclaircir en plein nos profils qui se détachent assez nettement pour servir de cibles aux tirailleurs ennemis embusqués à soixante mètres de l'autre côté de l'eau. Le cœur nous bat un peu plus fort que d'habitude. Seul, un des nôtres conserve un sang-froid impassible, il était pochard en quittant le fort, et le grand air n'a fait qu'augmenter son ivresse ; son fourreau de sabre lui heurte la cuisse à chaque pas et bat une mesure vraiment inquiétante ; ce damné bruit de ferraille pourrait nous valoir une décharge qui, vu la distance, serait meurtrière.

— Attention, nom de D..., lui dit-on à voix basse, tu vas nous faire fusiller !

— Et puis après... ça m'est bien égal... répond l'ivrogne d'une voix avinée... Les Prussiens... je...

Un geste expressif et cru traduisit ici le reste de la phrase.

En toute autre occasion, le sujet prêterait à rire, mais cette fois personne n'en éprouve l'envie. On hâte le pas et l'on pousse un vrai soupir de soulagement en se voyant enfin à l'abri derrière un bon mur qui défie les balles prussiennes.

Tout à l'entour la nuit est silencieuse et calme ; qui dirait que des milliers d'hommes sont là, cachés dans l'ombre, prêts à s'entr'égorger aux premières lueurs du matin ?

Batterie du Réservoir, parc de Saint-Maur, 29 novembre 1870. — Nous avons vainement attendu l'action qui nous était annoncée. Au point du jour, les forts ont tiré quelques coups sur les lignes ennemies, puis tout est rentré dans le calme habituel.

Le bruit courait hier que l'avant-garde de l'armée de la Loire s'était avancée jusqu'à Étampes. C'étaient sans doute ces nouvelles qui avaient déterminé le gouvernement à agir. Que conclure de notre actuelle inaction ?

Pendant la journée, nous avons fait le coup de feu avec les tirailleurs ennemis qui occupent la rive gauche de la Marne. Beaucoup de bruit pour rien. Tout à coup, on entend de notre côté des cris lamentables, c'est le caporal D..., de la deuxième escouade, qui vient de recevoir une balle, digne pendant de celle qu'attrapa Mousqueton sur la route d'Amiens [1]. La blessure est légère et l'on ne peut s'empêcher de rire de l'accident arrivé au pauvre garçon ; on emporte le caporal à l'ambulance, et le feu, que cet incident avait un moment ralenti, reprend avec une nouvelle vigueur.

Tout près de nous, derrière un réservoir d'eaux, le génie achève deux batteries de grosses pièces : les travaux sont activement conduits et des précautions habilement prises les ont fait échapper jusqu'à ce moment à l'attention de l'ennemi.

Ce soir, nous avons reçu l'ordre de camper près des canons.

1. Voyez A. Dumas. *les Trois Mousquetaires*, t. I, p. 214.

Batterie du Réservoir, 30 *novembre* 1870. — Après une nuit passée sur la dure, nous venions de nous réveiller grelottants et transis, lorsqu'on annonça la venue du colonel. La compagnie se range aussitôt en bataille ; la revue terminée, le colonel nous apprend que la sortie sur laquelle on comptait hier doit être tentée aujourd'hui ; il termine ainsi son allocution : « Mes enfants, conduisez-vous en « braves, en Français, dans cette grande « journée qui va peut-être décider du sort de « Paris et de notre pays ! »

Il était à peu près sept heures ; la nuit avait été froide, et une forte gelée blanchissait la terre. Du côté de l'est, une lumière rose et tendre naissait à l'horizon et nous promettait une splendide journée d'hiver.

A sept heures et demie, notre canon grondait sur toute la ligne. Nogent, les batteries du bord de la Marne, la Faisanderie, Gravelle et Saint-Maur s'en donnaient à cœur joie. Les détonations se succédaient rapides et saccadées ; sur nos têtes passaient en sifflant les obus des batteries de Saint-Maur en avant desquelles nous étions placés à un kilomètre environ.

En même temps, on aperçut l'armée française qui, par plusieurs ponts de bateaux jetés pendant la nuit, débouchait dans la presqu'île que forme la Marne de Nogent à Champigny. Les troupes se mettaient successivement en ligne et s'avançaient précédées d'un large rideau de tirailleurs, au milieu des champs cultivés qui avoisinent Poulangis et la villa Palissy. Dans le fond, sous la Faisanderie, défilaient des masses d'infanterie, de cavalerie et d'artillerie, qui se disposaient à prendre position à leur tour.

Je me trouvais sur le revers de la plus avancée de nos batteries et de là, embrassant admirablement les moindres détails, je suivais avidement le spectacle grandiose qui se déroulait sous nos yeux.

Jusqu'à ce moment les Prussiens n'avaient pas donné signe de vie ; notre brusque attaque les avait surpris sans doute, mais leur silence ne devait pas être de longue durée.

Un sifflement lent et assez fort se fit entendre au-dessus de nous et annonça leur premier obus ; la foule de curieux qui encombrait l'intérieur de la batterie s'enfuit en toute hâte et courut se réfugier derrière un mur en moellons qui servait de clôture à la propriété dans laquelle nous étions campés.

A huit heures, une fusée lancée du fort de Nogent vient donner à nos deux batteries l'ordre d'entrer en ligne; pareils à un décor d'opéra, les sapins et les buissons factices qu'on avait plantés en terre pour cacher les travaux, s'affaissent comme par enchantement, le feu commence alors et continue sans interruption.

L'ennemi avait installé des pièces sur les hauteurs d'en face et répondit vigoureusement. Pendant plus d'une heure une pluie de fer vint s'abattre autour de nous, mais notre emplacement avait été bien choisi ; masquées par des massifs d'arbres, nos batteries n'offraient qu'un but vague et indéterminé. Les projectiles éclataient tantôt devant, tantôt derrière nous, sans blesser personne. Cet insuccès engagea un ou deux loustics à plaisanter, mais chacun était alors trop occupé à suivre le sifflement des obus, qui nous faisait à chaque instant baisser la tête, pour prêter la moindre attention à des bons mots, qui, pour l'heure, avaient perdu tout leur sel.

A ce moment, une volée de canon, partie de la côte ennemie, vint frapper en plein la lanterne vitrée du réservoir qui se trouvait de l'autre côté de la route : la légère construction ne fit que voler en éclats et ses débris tombèrent au milieu de nous. Dès le commencement de la journée, les carreaux avaient été brisés par les détonations de nos pièces ; il n'en restait plus un seul.

A neuf heures et demie, les batteries qui

tiraient sur nous furent réduites au silence; les nôtres furent pointées dans une autre direction, mais l'action s'éloignant, leur aide devint inutile; les hommes cessèrent le feu et allèrent prendre un déjeuner qu'ils avaient certes bien gagné.

Pendant ce temps, nos troupes s'étaient avancées rapidement : à droite, elles avaient enlevé Champigny; à gauche, elles laissaient derrière elles libre d'ennemis le viaduc de Nogent. La lutte continuait entre les hauteurs qu'occupaient les Allemands et la mi-côte où se développait notre armée. Tout marchait bien, les Français gagnaient du terrain, lorsque, vers onze heures, un mouvement de recul se produisit subitement à l'aile droite.

Après deux ou trois attaques infructueuses tentées contre le coteau assez raide, couvert de vergers, hérissé de murs crénelés, qui s'allonge entre l'ancienne et la nouvelle route de Chennevières jusqu'au carrefour de *Mon Idée*, nos soldats furent obligés de se replier sur Champigny ; la gauche, menacée par ce mouvement qui la découvrait, conserva néanmoins ses positions ; nos batteries de campagne et les mitrailleuses continuèrent leur feu avec un redoublement d'énergie. De ce côté, nous occupions fortement la ligne du chemin de fer de Mulhouse ; plus loin, dans la direction de Villiers, s'élevaient d'épaisses colonnes de fumée bleuâtre indiquant que là aussi le combat était sérieusement engagé.

Dans les quelques minutes qui suivirent le mouvement de recul, une partie de la colonne en retraite se débanda et la presqu'île se couvrit d'une foule de fuyards. Ceux-ci, tantôt isolés, tantôt par groupes, couraient de toute la vitesse de leurs jambes, se dirigeant vers Joinville, où leur arrivée n'aurait pas manqué de jeter le désordre, lorsqu'à la hauteur de la *Fourche* un détachement de cavalerie les chargea, les reforma et leur fit rebrousser chemin.

Cette débandade nous coûtait les positions à moitié conquises que l'on fut obligé d'abandonner après avoir subi des pertes sensibles.

. . . .

Sur toute la ligne la bataille continue, mais nous nous trouvons trop loiu du combat pour pouvoir en bien saisir les détails.

A trois heures, les batteries prussiennes ont envoyé une trentaine d'obus sur une forte réserve qui stationnait dans la presqu'île; Saint-Maur aussitôt a recommencé son feu et fait taire celui de l'ennemi.

A droite, nous avons regagné un peu de terrain, sans toutefois avoir pu déloger les Prussiens de la position attaquée ce matin, entre les routes de Chennevières. A gauche, vers quatre heures, les batteries de campagne cessent de tirer et l'on entend une effroyable fusillade qu'accompagne le déchirement continu des mitrailleuses; on se bat de très près et la lutte dure plus de trois quarts d'heure. C'est la division de Bellemare qui essaye d'emporter les défenses accumulées par l'ennemi autour de Villiers. Malgré leur héroïsme, nos soldats, dont quelques-uns se font tuer sur la crête même des murs du parc, sont obligés de battre en retraite après avoir essuyé des pertes sanglantes.

L'obscurité qui survient suspend enfin le combat; les lueurs de quelques coups de canon embrasent encore l'horizon, le crépitement d'une courte fusillade s'entend un instant au loin, puis le silence se fait et la nuit enveloppe de ses ombres les deux armées.

Batterie du Réservoir, 1er *décembre* 1870. — Nous avons formé les faisceaux en avant des batteries et passé la nuit autour de feux allumés dans des excavations assez profondes que présente le terrain.

Aujourd'hui, suspension d'armes pour enterrer les morts; entre Champigny et la ligne de Mulhouse, on a creusé une longue tranchée; des voitures parcourent le champ de bataille et recueillent les corps qu'elles apportent sur les bords de l'immense fosse commune; des hommes, chargés de cette triste corvée, s'en emparent et les livrent à leur dernière demeure : par-dessus, quelques pelletées de terre et tout est dit.

A deux heures, nous quittons nos positions pour occuper des maisons abandonnées qui se trouvent à quelque distance des batteries de Saint-Maur, près du cimetière. Ces habitations désertes, pillées par ceux qui nous y ont précédés, respirent une tristesse navrante : voilà donc les conséquences de la guerre ! Peu importe à la plupart des hommes. Les trois nuits qu'ils viennent de passer à la belle étoile les ont horriblement fatigués et chacun s'estime heureux de pouvoir dormir la tête sous un toit.

Batterie de Saint-Maur, 2 *décembre* 1870. —

Au point du jour, nous avons été réveillés par le feu violent de Saint-Maur; la bataille recommençait sur toute la ligne. L'infanterie allemande, profitant de la demi-obscurité du matin, s'était jetée en colonnes serrées sur les mobiles d'Ille-et-Vilaine et de la Côte-d'Or campés sur le plateau du *Signal*, près du four à chaux de Champigny. Surpris par cette brusque attaque, ces deux régiments perdent en peu de temps une partie de leur effectif et sont obligés de reculer. Notre droite se replie en désordre dans la direction du pont de Champigny.

Grâce à l'énergie des officiers et des soldats qui, restés dans les maisons, font un feu d'enfer et maintiennent les assaillants; grâce à l'artillerie des forts et des batteries de campagne dont le tir convergent décime les colonnes ennemies, les Allemands sont obligés de battre en retraite poursuivis par nos troupes qui se rallient, reprennent courage et finissent par occuper les positions perdues par elles le matin.

Vers trois heures, nous sommes maîtres du terrain qui s'étend devant nous, à l'exception de Chennevières et des environs. L'armée française s'est déployée sur le versant opposé des collines; notre artillerie, devenue inutile, s'est tue depuis longtemps; à Saint-Maur, on attelle une partie des pièces pour les transporter en avant.

Au moment où le feu était le plus vif, vers neuf heures, des brancardiers sont passés près de nous, emportant sur leurs civières sept moblots qui venaient d'être tués près des batteries. Le cimetière se trouve à deux pas; c'était là qu'on les conduisait. Ces pauvres corps étaient encore chauds; à voir leurs lèvres ouvertes on eût dit qu'ils allaient respirer; l'un d'eux, jeté à la hâte sur le brancard, laisse traîner ses jambes ballantes jusqu'à terre, un bout de pipe noircie sort de sa poche entrebâillée : « *Dernière pipe! dernier voyage! adieu, camarades!* »

— Va donc aussi au feu, Bismarck, massacreur de chair humaine!

. . . .

Nous avons reçu ce soir une ration de viande et de pain. Depuis tantôt deux jours, nous manquions de vivres ; sans la précaution qu'ont eue quelques-uns des nôtres d'aller, pendant l'armistice, ramasser dans la presqu'île une bonne récolte de pommes de terre et de choux, je ne sais ce que nous serions devenus. Ces légumes, cuits à l'eau, sans autre assaisonnement, sur lesquels nous nous sommes avidement jetés, nous ont donné de violentes coliques.

Nous avons l'ordre de nous tenir prêts à partir cette nuit.

Chacun s'attend pour demain à une troisième et décisive journée. La ligne d'investissement est brisée, l'ennemi battu : ses dernières positions enlevées, nous comptons nous mettre en marche à la rencontre de l'armée de là Loire, qui, dit-on, s'avance à étapes forcées dans la direction de Dourdan.

Nos jeunes soldats, entraînés par le succès, sont remplis d'enthousiasme et d'espoir[1].

1. Dans ces affaires les Français perdirent 12,085 hommes, les Allemands 6,172. Ce fut la plus meurtrière des batailles livrées sous Paris.

CHAPITRE IV

Port-Créteil. — Sur les bords de la Marne. — La maison Idt. — Un piano. — La canonnière Farcy. — Le feu au logis. — A Paris. — A quoi sert un hérisson. — Triste convoi. — Le matin du Bourget. — Une belle manœuvre !

Saint-Maur, 3 *décembre* 1870. — Rien ! La situation n'a pas changé.

Ce matin, l'on nous a tenus en rang, sac au dos pendant deux heures, puis l'ordre est arrivé d'aller déjeuner. Nous formions, massés près des batteries, un corps d'environ 7,000 hommes.

Au commencement de la journée, Saint-Maur a tiré quelques coups de canon ; plus tard, une canonnade assez forte s'est fait entendre dans la direction d'Avron.

Je suis allé tantôt me promener jusqu'à Joinville. A l'entrée du canal, à la place où les bateaux ont embarqué les blessés des derniers jours qu'on évacuait sur Paris, les dalles des quais sont encore rouges de sang.

On jette sur la Marne un nouveau pont de bateaux. Le pont de pierres dont nous avions fait sauter trois arches avant l'investissement, a été rétabli tant bien que mal au moyen de poutres; il sert actuellement au passage de l'infanterie.

Du côté du champ de bataille, on ne remarque aucun mouvement, partout immobilité complète; c'est à n'y rien comprendre. A Joinville, au contraire, on assiste à un continuel passage de troupes : il se prépare quelque chose, mais placés comme nous le sommes, privés depuis une semaine de nouvelles de Paris, nous ne pouvons obtenir le moindre renseignement.

Saint-Maur, 4 décembre 1870. — Pas un coup de canon, pas même un coup de fusil.

Ce calme contraste étrangement avec l'animation des jours précédents.

Des troupes, en nombre considérable, continuent à repasser la Marne.

Nous avons quitté Saint-Maur aujourd'hui.

Pendant les deux heures que, par un froid glacial, nous avons passées sous les armes en attendant l'ordre du départ, chacun formait sur notre future destination les conjectures les plus hasardées.

Un farceur s'écrie tout à coup « Paris ! » et le mot aussitôt vole de bouche en bouche ; remettant sac au dos, nous répétons avec acclamation ce nom qui laisse entrevoir une nouvelle terre promise. Au lieu du chemin de Paris, nous prenons celui de Port-Créteil, ce qui n'est nullement la même chose.

Tout le long de la route, nous ne rencontrons que maisons abandonnées ; partout des portes et fenêtres enfoncées par les pillards ;

quantité d'objets, de peu de prix, sans doute, que ces voleurs n'ont pas eu le temps d'emporter, jonchent le pavé des rues. Dans les allées désertes règne un lugubre silence que trouble seule la marche pesante de notre colonne.

Nous nous sommes casés comme nous l'avons pu, en gens résignés à prendre la vie telle qu'elle vient. Mon escouade s'est logée dans la maison d'un horloger. Tout était en désordre quand nous sommes entrés; nos hommes, par amour-propre sans doute, ont achevé ce qui restait à finir.

Que de déprédations inutiles et honteuses commises de la sorte !

. . . .

La Marne roule près de nous ses ondes vertes et rapides; son lit est assez large et parsemé d'îles et d'îlots. Tout à côté, l'eau reflète les ruines du pont de Créteil, dont les piles ont été ravagées par l'incendie et la poudre. L'une d'elles, soulevée d'un seul jet par l'explosion, est restée debout au milieu du courant, pareille à un colossal monolithe; elle penche tellement que l'on croirait à chaque instant la voir s'abîmer dans les eaux. Sur la rive gauche s'élève un moulin occupé par un détachement français; plus loin, à courte distance, les avant-postes prussiens nous observent.

Nous continuons à ne pas savoir un traître mot de ce qui se passe autour de nous. Les bruits les plus absurdes ont cours parmi les soldats, qui les accueillent avec la plus sotte facilité. Grâce à l'existence que nous menons, il ne serait guère difficile de se croire aux antipodes.

. . . .

Il fait un temps froid et humide, le ciel est d'un gris brumeux. J'ai profité des loisirs que m'a laissés le service, pour suivre en flâneur les bords de la Marne. Des pêcheurs traînaient leurs filets près des rives et parvenaient à grand'peine à prendre quelques misérables poissons. Pendant ma promenade, le hasard m'a conduit en face d'une habitation d'assez belle apparence, dont les portes, restées grandes ouvertes, dénotaient clairement l'état d'abandon.

La curiosité m'a porté à entrer ; après avoir pris un corridor qui s'est rencontré devant moi, je me suis engagé dans une longue suite d'appartements meublés avec luxe.

Le pillage avait aussi passé par là !

Des ordures souillaient les planchers de chêne ciré ; des livres, du linge, des chapeaux de femme, des robes étaient confondus pêle-mêle dans un affreux désordre. Ici, une porte d'armoire, à la serrure forcée, gisait à côté d'une commode éventrée dont tous les tiroirs avaient été religieusement fouillés ; là, des débris de porcelaines, des cristaux brisés en mille pièces, faisaient crier le parquet sous mes pas. Dans le jardin, une cachette éventée par les maraudeurs laissait entrevoir un trou béant, sur les bords duquel étaient étalées force bouteilles vides.

Dans le salon se trouvait un piano, le seul meuble de la maison que l'on eût épargné. Un piano, par ces temps, dans ce milieu, m'a paru chose étrange. J'ai pensé à celui que j'ai laissé chez moi, près duquel j'avais coutume de passer de si bonnes et de si longues heures. Je me suis assis devant l'instrument et me suis mis à essayer quelques-uns de mes airs préférés d'autrefois. Mes mains transies avaient peine à faire résonner les touches; puis, peu à peu, la chaleur m'est revenue et tandis que mes doigts couraient agiles sur le clavier, mon âme s'est envolée au loin, dans ce coin perdu de la France où j'ai laissé tout ce que j'ai de cher au monde.

Comme j'allais achever cette admirable sérénade de Schubert que ma mère aimait tant à entendre, un flot d'amères pensées est venu m'assaillir... Je n'ai pu continuer, les sanglots m'étouffaient et des larmes ruisselaient le long de mes joues... Les yeux encore gonflés et humides, les mains tremblantes, j'ai repris ce morceau qui m'avait fait tant pleurer. Je crois que j'ai donné à mon jeu une expression surhumaine; je jouais pour ma mère, c'était à toi seule que je m'adressais, chère absente, comme si tu avais pu m'entendre et me consoler.

Port-Créteil, 8 *décembre* 1870. — Le bruit court que l'armée de la Loire a été battue. Ce sont là des on-dit et je me méfie avec raison de nos nouvellistes de quartier. Depuis notre départ de Nogent, je n'ai pu me procurer un seul journal; personne ici ne sait un seul mot de ce qui se fait ou se dit à Paris.

La canonnière Farcy vient de remonter la Marne; elle s'arrête au-dessus du pont et s'amarre à la rive à quelques pas de nous. Les moblots regardent curieusement l'énorme pièce de marine installée à bord. — Ça vous crache son obus à 7,000 mètres, nous dit, avec un air de satisfaction visible, un des matelots de l'équipage.

Aujourd'hui nos sondeurs ont déniché, je ne sais où, du vin et de l'eau-de-vie; ce soir, presque tous sont ivres comme des grives saoûles de raisin.

Port-Créteil, 10 *décembre* 1870. — Temps froid et triste, un brouillard épais, que le soleil n'a pu percer, nous enveloppe depuis le commencement de la journée.

Toujours même calme.

Nous n'avons reçu notre pain que ce soir; la viande n'est pas encore arrivée et je ne sais quand on va la distribuer. Prévoyant ce qui allait avoir lieu, je me suis, malgré le mauvais temps, décidé à monter jusqu'à Saint-Maur, où j'ai eu le plus grand mal à me procurer un pain. En rentrant, je l'ai partagé avec mes camarades affamés; il a disparu en quelques bouchées. J'ai aussi rapporté une livre de chocolat que je mets en réserve pour les jeûnes futurs qu'on ne manquera pas de nous imposer.

Le vin qui restait a été bu ce matin jusqu'à la dernière goutte, ce qui n'a pas contribué à dissiper l'ivresse des jours précédents. Ce soir, nos ivrognes n'ont plus que de l'eau à boire; par le temps qui court, cette boisson n'est pas excitante et un mieux sensible s'est manifesté dans l'escouade; chacun est en train de devenir à peu près raisonnable.

Avant de nous endormir, nous avons allumé dans la cheminée un brasier tellement vif que, pendant la nuit, la flamme a gagné les poutres du plafond : l'un de nous, par le plus grand des hasards, s'est aperçu fort à temps de ce commencement d'incendie. Tout le monde, brusquement réveillé, s'est mis à l'œuvre et le feu s'est trouvé promptement éteint.

Que fussions-nous devenus si les flammes avaient envahi complètement la maison pendant notre sommeil?

Port-Créteil, 11 décembre 1870. — Un de nos hommes, qui revient de Paris, m'a rapporté un journal que j'ai avidement parcouru.

Un article, traduit du *Times*, envisage la situation de la France sous le jour le plus défavorable. D'après la feuille anglaise nous n'avons guère à espérer ; il faut, ou vaincre par un de ces efforts suprêmes que le succès ne favorise que rarement, ou alors nous résigner à périr.

Les nouvelles militaires de Paris et de la province sont rigoureusement cachées par le gouvernement qui craint les indiscrétions et les commentaires sur les opérations qu'il compte entreprendre.

La population parisienne est animée d'admirables sentiments ; bien que le siège lui cause des souffrances qui s'aggravent de jour en jour, elle paraît décidée à lutter jusqu'à la dernière extrémité.

Port Créteil, 16 *décembre* 1870. — J'ai obtenu la permission d'aller à Paris, et je suis parti de bon matin, après avoir pris une tasse de café dans laquelle j'ai laissé tremper quelques mouillettes de pain. Ce repas promptement expédié, je me suis mis en route alerte et dispos, en suivant les rues désertes de Saint-Maur ; de place en place, des sentinelles, au pas régulier et alourdi par le sommeil, troublaient seules le silence de la nuit. Comme j'arrivais à Joinville, le petit jour commençait à poindre derrière les collines de Villiers qui se dessinaient vaguement à l'horizon. Elle était bien calme à présent cette nature, quelques jours auparavant théâtre d'un affreux carnage. Si le cliquetis de mon sabre ne m'eût rappelé à la réalité, les mille détails de ce paysage qui naissait aux rayons d'une lumière de plus en plus intense, m'auraient fait songer à des scènes de calme et de bonheur.

. . . .

A mon hôtel l'on m'a reçu à bras ouverts ;

depuis mon dernier voyage, je n'avais fait parvenir aucune nouvelle à ces braves gens, qui savaient que mon régiment avait été engagé à Champigny et pouvaient parfaitement me croire enterré.

En montant l'escalier qui mène à ma chambre, je ne me sentais pas de joie, je ne pouvais en croire mes yeux ni mes oreilles, tellement je me trouvais heureux de revoir du monde, de parler, de savoir ce qui se faisait, ce que l'on pensait dans ce Paris qui, pour nous, représente l'univers :

Les journaux du matin publiaient des nouvelles que le gouvernement venait de recevoir de Tours. Ces dépêches annonçaient qu'après une longue suite de combats, l'armée de la Loire avait été obligée de reculer et d'abandonner Orléans. Dans le Nord, Amiens et Rouen étaient tombés au pouvoir de l'ennemi.

Les derniers télégrammes étant datés du 11, l'on pouvait supposer que depuis ce temps les

Allemands avaient fait de nouveaux progrès.

A Paris, on discutait tout cela; on pesait le pour et le contre; la conclusion était que l'avenir se montrait de plus en plus incertain. Eh quoi! après Champigny, l'on comptait sur d'énergiques efforts, sur une délivrance prochaine; et ce jour si ardemment désiré semblait s'éloigner de plus en plus ainsi qu'un mirage trompeur.

Malgré tout, la population m'a paru plus que jamais décidée à une lutte à outrance. On veut aller au fond du calice et boire, avant de succomber, jusqu'à la dernière goutte de lie. Tant que les femmes et les enfants ne mourront pas de faim, tant que nos bras pourront porter des armes, nous ne nous laisserons abattre par aucun revers.

Nous avions résolu de nous sacrifier pour la France, une partie de l'immolation n'est-elle pas déjà accomplie et ce qui reste peut-il nous faire reculer?

Peut-être aussi, à force de persévérance et de courage, finirons-nous par lasser cette mauvaise fortune qui, depuis si longtemps, s'attache impitoyable à nos pas. Quoi qu'il arrive, si nous venons à périr, personne ne pourra dire que nous n'avons pas succombé avec honneur comme il convenait à des hommes libres.

On presse l'équipement des bataillons de marche de la garde nationale, on active la fabrication des canons; j'ai remarqué de nombreux mouvements de troupes; une grande sortie me paraît prochaine.

Si les Prussiens sont obligés de lutter et de s'étendre en province, leur effectif sous Paris sera sensiblement diminué et, par suite, leurs lignes deviendront plus faciles à percer. Dans ces conditions, une opération bien conduite pourrait les écraser d'un seul coup.

Nous avons un certain nombre de batteries de campagne concentrées depuis peu de temps dans nos environs. Toutefois, eu égard au peu de troupes cantonnées ici — vingt mille hommes au plus — l'on suppose que nous n'aurons à tenter qu'une simple attaque destinée à donner le change à l'ennemi, tandis que l'action sérieuse s'engagera sur un autre point.

Port-Créteil, 19 *décembre* 1870. — Les portes de la place sont fermées depuis midi. Cette mesure est prise jusqu'à nouvel ordre.

L'on croit que nous attaquerons demain les lignes ennemies, vers Bondy. Beaucoup de troupes se dirigent de ce côté, les soldats n'ont gardé dans les sacs que le strict nécessaire, par contre on leur a distribué six jours de vivres.

Vers une heure, le canon a tonné vigoureusement dans la direction de Charenton. Du poste où nous sommes de garde, j'entends les voitures d'artillerie rouler avec fracas dans la plaine de Créteil.

. . . .

Aujourd'hui, les hommes de l'escouade étaient en proie à une ivresse poussée aux dernières limites. Pris de folie furieuse, ils ont brisé ce qui se trouvait à leur portée : bouteilles, vaisselle, chaises, meubles ; tout, dans la maison, y a passé. Jugeant qu'ils n'avaient pas encore assez fait, ils s'en sont pris aux fenêtres et n'y ont pas laissé une seule vitre. La fête aurait été incomplète sans une mêlée générale ; ce n'étaient plus là des hommes ; on eût dit, à les voir se bousculer et se renverser à terre, se relever l'œil hébété et furieux, le visage contusionné et sanglant, des bêtes en cage, plus hideuses cent fois que ces hyènes que traînent à leur suite les ménageries ambulantes.

Ce soir, tout cela, jusqu'au souvenir même de la lutte, paraissait oublié ; un des mobiles avait déniché un hérisson dont on a fait un ragoût. Ce festin a servi de prétexte à une réconciliation générale. Voilà pourtant où conduit l'absence de discipline et de travail, où mène l'inaction dans laquelle on laisse s'hébéter ces soldats désœuvrés.

Cette nuit, deux heures. — Je suis chef de poste pour la nuit; comme il s'agit de relever nos sentinelles toutes les heures, je ne peux songer à dormir. J'en ai pris bravement mon parti et vais passer le temps au coin du feu à lire ou à continuer mon journal. Au dehors, tout paraît tranquille et rien ne fait pressentir l'action à laquelle on semble s'attendre pour le matin.

Port-Créteil, 20 *décembre* 1870. — Je suis allé faire un tour à Joinville. La Marne a débordé et emporté les trois ponts de bateaux jetés sur la rivière; beaucoup de barques sont brisées, d'autres ont disparu entraînées par le courant; le reste se trouve amarré à la rive. Une équipe d'ouvriers est en train de réparer tout ce dégât.

Des marins, avec lesquels j'ai lié conversation, m'ont rapporté que les ponts avaient été fort mal établis par le génie civil, chargé de leur construction. Je ne sais ce qu'il y a de fondé dans ces reproches, mais le pont de bateaux, construit à Créteil par les marins de la canonnière Farcy, tient bon malgré la crue des eaux.

On signale encore d'importants mouvements de troupes au nord de Paris.

En rentrant, j'ai rencontré plusieurs moblots qui portaient un des leurs étendu sur un brancard; un aumônier précédait de quelques pas le silencieux cortège. Le blessé, on aurait pu dire le mort, était un mobile de l'Hérault; une balle prussienne lui avait fracassé la tête. Ses camarades et lui étaient allés sur les bords de la Marne dans l'espoir de ramasser quelques légumes. Rassurés par le calme apparent de la rive ennemie, ils s'étaient imprudemment découverts lorsqu'au moment où ils s'y attendaient le moins, une décharge était venue les atteindre et leur faire payer cher leur excès de confiance. Le malheureux qu'on emportait ne faisait aucun mouvement; un râle convulsif soulevait sa poitrine et le sang lui sortait de la bouche. Il n'avait plus que quelques minutes à vivre et à souffrir.

Joinville est occupé par les mobiles de l'Ain. — J'ai causé avec quelques-uns d'entre eux; voilà des hommes qui ont le sentiment de la discipline et du devoir. Sous ce rapport notre régiment ferait triste mine à côté du leur.

. . . .

Vers minuit, nous dormions tranquillement, lorsque le sergent est venu donner l'ordre d'être sous les armes à cinq heures. Personne ne sait où nous devons aller. De peur d'être en retard on s'est levé de grand matin; à quatre heures, le café pris et les derniers

8.

préparatifs terminés, nons attendions le signal du départ.

Port-Créteil, 21 *décembre* 1870. — Ce matin, le bataillon s'est engagé sur la route qui conduit au pont de Champigny. Dès ce moment, nous avons su que notre rôle allait se borner à être comparses, à peu près inutiles, dans le drame qui devait se jouer, en cette journée, sous les murs de Paris.

Nous avancions lentement, par une nuit tellement sombre qu'on apercevait à peine les branches décharnées des arbres qui bordaient les deux côtés du chemin. Au bout de quelques instants, un ordre de « halte! » fit brusquement arrêter la colonne, qui resta immobile sur la chaussée. Il faisait un froid glacial; tandis que nos pieds, devenus insensibles, menaçaient de s'attacher au sol, les courroies des sacs pesamment chargés nous meurtrissaient de plus en plus les épaules. Quand il faut rester de la sorte debout plus d'une heure, sans bouger, le sac devient un insupportable fardeau; j'en appelle aux souvenirs de tous ceux qui se sont trouvés en pareil cas.

On se remit en route, avançant pas à pas, s'arrêtant régulièrement après avoir fait cinquante mètres, perdant un bon quart d'heure par arrêt, à piétiner sur place et à se fatiguer sans rien faire. Au petit jour, nous nous trouvions à Adamville, sur la place du Théâtre : nous avions mis deux heures à parcourir un peu plus d'un kilomètre.

Le commandement de « halte ! » retentit de nouveau; on fit former les faisceaux et on permit aux hommes de se débarrasser des sacs; ce dernier ordre fut exécuté avec autant de promptitude que de plaisir.

Le canon s'entendait déjà au loin, dans la direction du Bourget et de Bondy ; mes pressentiments ne m'avaient pas trompé; les détonations nous parvenaient très-faibles à cause de l'éloignement et du bruit qui se faisait autour de nous; on pouvait néanmoins juger que le feu était vif et nourri.

Notre halte ne dura guère qu'une demi-heure et fut suivie d'une nouvelle marche en avant, puis d'un arrêt en face de l'église. Là seulement il fut possible de s'occuper du déjeuner. Pendant que les hommes allumaient des feux en plein air et préparaient la soupe, un bataillon de la garde nationale, le quatre-vingt-huitième, vint prendre position à côté de nous. L'esprit de ces soldats me parut assez bon. Plusieurs d'entre eux se demandaient si on n'allait pas les conduire au feu ; nous nous empressâmes de les rassurer ; d'après la tournure que prenaient les opérations, il n'était guère probable que nous fussions directement engagés.

A midi, l'on reprit les sacs pour exécuter une manœuvre... Quelle manœuvre, grand Dieu... Capitaines illustres des temps passés, que n'étiez-vous là pour en complimenter les auteurs !

Figurez-vous une plaine assez large, entièrement découverte, n'offrant ni un mur, ni un arbre, ni même le moindre obstacle capable d'abriter un homme ; voyez à une très faible distance, sur l'autre rive de la Marne, se dresser devant nous la côte abrupte de Chennevières fortement occupée par l'ennemi, garnie de son artillerie et trouvez-moi les raisons qui firent engager sur ce terrain nos compagnies, les hommes marchant de flanc, les rangs serrés et par files de deux, avec ordre de ralentir autant que possible le pas ! A ce moment personne ne soufflait mot, mais beaucoup auraient préféré être ailleurs.

Comment, à quelques cents mètres des positions ennemies, exposés à découvert à toute la rigueur de leur feu, on venait nous faire promener de la sorte ! pour montrer aux Allemands que nous étions là ! Belle trouvaille, ma foi, comme si depuis le matin, ils ne nous avaient pas aperçus !

En dépit des ordres, on allongeait le pas

malgré soi, et tout en marchant, les yeux se tenaient obstinément fixés sur la côte de Chennevières, qui cependant continuait à demeurer silencieuse. Au premier éclair aperçu là-haut, nos hommes auraient vite fait de gagner de toute la vitesse de leurs jambes un gros carré de maisons, derrière lesquelles on aurait pu respirer et se croire définitivement en sûreté.

Chennevières occupé par les Français, que les Prussiens fussent donc venus manœuvrer ainsi devant nous ! Il est probable qu'ils ne s'en seraient pas tirés à aussi bon compte.

Que sert-il d'exposer les gens à se faire tuer sottement comme il aurait pu nous arriver tantôt ? La guerre n'est-elle pas par elle-même assez terrible sans que la négligence et l'ineptie de certains chefs viennent la rendre plus meurtrière encore ?

Toujours par le *flanc droit*, nous avons repris le chemin de Port-Créteil, pour rentrer à la nuit tombante dans nos anciens cantonnements.

CHAPITRE V

L'affaire d'hier. — A Vincennes. — Homère et M. Sarcey. — En quête d'un souper. — Le cousin de Guillemin. — Proclamation de Guillaume. — Noël. — Souffrances par le froid. — Mortalité à Paris. — Abandon du plateau d'Avron. — Le 1er de l'an. Une journée à Paris. — Restaurants d'autrefois, restaurants d'aujourd'hui. — Saint-Germain-des-Prés. — Expiation et relèvement. — Lecture d'un roman.

Port-Créteil, 22 *décembre* 1870. — Les quelques nouvelles qui nous sont parvenues sur les affaires d'hier semblent favorables à nos armes, mais ici, l'on en sait trop peu pour pouvoir apprécier la journée. Actuellement notre armée doit occuper les positions qui s'étendent de Ville-Evrard au Bourget.

Ce matin, le canon s'est fait entendre dans

la direction d'Avron. Les détonations n'étaient pas assez fréquentes pour indiquer un grand combat.

On vient de nous lire un rapport d'après lequel nous n'accusons que des pertes peu sensibles; je n'en suis qu'à moitié surpris, la canonnade d'hier ayant été beaucoup moins forte que celle de Champigny. Faut-il en conclure que l'ennemi nous a faiblement résisté?

Port-Créteil, 23 *décembre* 1870.— La journée du 21 n'a pas été aussi bonne qu'on l'avait supposé tout d'abord. Mes appréciations se trouvent confirmées à l'exception de ce que j'avait dit du Bourget[1]. Contre cette position,

1. Cette tentative de sortie échoua misérablement, nous avions espéré une bataille décisive, nous n'eûmes qu'une escarmouche. Le vaste périmètre qui lui servait de théâtre, le nombre considérable des combattants rassemblés pour y prendre part, ne mirent que

qui, une fois déjà, nous a été fatale, nous avons tenté une attaque. Après avoir perdu beaucoup de monde, il a fallu battre en retraite. Les marins surtout ont été écharpés.

Pendant la nuit, une violente canonnade a éclaté du côté d'Avron ; commencée à minuit elle s'est prolongée jusqu'au matin.

Je vais quitter la première escouade pour passer à la seconde ; je ne connais pas mes nouveaux camarades, mais il me semble difficile que je puisse perdre au change.

Port-Créteil, 24 décembre 1870.— Je suis allé tantôt à Vincennes, dans l'espoir de dénicher quelque chose à manger : impossible sans cela de fêter le prochain réveillon. J'ai rencontré pour tout potage une langue de mulet qu'on

mieux en relief la triste proportion de l'effort et du résultat.

(J. Favre, *le Gouvernement de la Défense nationale*, II, p. 195.)

m'a faite *neuf francs*, je n'y pouvais mettre ce prix et je l'ai, non sans regret, laissée au marchand. On m'a promis, à des conditions plus douces, un pâté... un pâté de quoi? Je serais pendu pour le dire. Il faudra qu'il laisse fort à désirer, s'il n'est pas dévoré séance tenante.

Un camarade m'avait accompagné dans ma tournée. Le pâté trouvé, nous songeâmes à reprendre la route de Port-Créteil, mais réflexions faites, nous reconnûmes que, même en apportant au retour la plus grande diligence, l'heure de la soupe serait depuis longtemps passée lorsque nous serions arrivés, et nous savions par expérience la façon dont, en pareil cas, l'on accueillait les absents.

« — Eh quoi! vous n'avez pas soupé?... Ah! tant pis! Tantôt, en vous voyant partir, nous avons cru que vous dîniez en ville! »

Le porte-voix de l'escouade accompagnait cette mauvaise plaisanterie d'une mimique fort éloquente sans doute, car l'assistance appuyait comme un seul homme.

— Ma foi! nous l'avons cru aussi!

Votre pitance y avait passé. — On n'avait même pas la ressource de s'appliquer le :

« Tarde venientibus ossa »

du proverbe : Chez nous les os étaient rares et trop bien nettoyés pour qu'il s'y trouvât quelque chose encore à gratter. — Il fallait se coucher l'estomac vide et s'estimer heureux que le ciel vous eût pourvu d'une dose de philosophie suffisante, pour faire contre mauvaise fortune bon cœur.

Cette perspective, on en conviendra, n'avait rien d'agréable et me fit mélancoliquement songer à une spirituelle boutade, que, peu de temps auparavant, j'avais rencontrée dans un des *Lundis* de Sarcey. L'honorable chroniqueur du *Temps* nous racontait qu'étant écolier, il n'avait jamais bien compris pour quels motifs Homère accordait, dans ses récits, une si large place à la description des festins d'Ulysse et de ses vaillants compagnons. A peine débarqués, on les voit à la recherche de leur dîner; malheur aux bœufs, aux grasses brebis qui passent à leur portée, les pauvres bêtes sont impitoyablement immolées, et si Jupiter, en dieu blasé qu'il est, se contente de la fumée d'un morceau délicat, les Odysséens s'appliquent sans vergogne les meilleures pièces de résistance. C'étaient de rudes mangeurs que ces gaillards-là; aussi, leur digestion terminée, ne faisait-il guère bon à leur chercher noise.

Le siège s'était chargé d'éclairer, d'un jour nouveau pour nous, cette partie jusqu'alors obscure de l'œuvre du vieil Homère. M. Sarcey et bien d'autres apprenaient à leurs dépens, qu'en campagne, sans soupe ni bœuf, il n'est guère de véritables soldats.

Cette excursion imprévue dans l'antiquité me faisait respirer un vague et délicieux parfum de viandes grillées en plein air, mais j'avais beau envier le sort d'Ulysse abordant des rivages hospitaliers et fertiles, je ne m'en trouvais pas plus avancé pour cela : quand bien même nous aurions eu la veine de découvrir aux alentours un restaurant, du reste impossible à trouver, la légèreté de nos bourses nous en eût formellement interdit l'entrée.

Mon camarade, plongé dans une méditation profonde, réfléchissait aussi; je m'aperçus bientôt que ses idées étaient plus pratiques que les miennes, car, s'étant retourné de mon côté :

« — Il nous reste encore, me dit-il, une chance de souper; dans une rue voisine, demeure un de mes parents, un cousin à je ne sais plus quel degré, ajouta-t-il en souriant, que j'ai rencontré peut-être quatre ou cinq fois dans ma vie. Allons le trouver, le pis qui puisse arriver est d'être poliment éconduits. »

Je n'eus garde de refuser.

. . . .

« — Toc! toc!

« — Qui est là ?

« — C'est moi... Guillemin... Eh oui ! Guillemin, que vous ne reconnaissez pas... fit-il en éclatant de rire... Bien le bonjour, mon cousin ! »

Puis haussant légèrement les épaules, avec une moue résignée :

« — Que voulez-vous, cousin, l'uniforme, la guerre, ça vous change tellement un homme. »

La porte s'était refermée, nous étions dans la place et commencions à respirer un peu. Pendant tout ce temps, je me tenais raide comme un grenadier au port d'armes, ne soufflant mot, en serre-file derrière Guillemin, dont j'imitais autant que possible les moindres mouvements.

— Un ami, qui m'accompagne, fit-il en me présentant au cousin qui venait de m'apercevoir.

La glace était rompue et la conversation débuta par des réflexions sur la pluie et le beau temps, qui ce jour-là n'était guère chaud. Un quart d'heure à peu près se passa de la sorte; impassibles comme des diplomates, nous attendions que le hasard se chargeât d'amener une occasion favorable et nous jurions de ne pas la laisser échapper.

Une question du cousin annonça que le moment psychologique était enfin arrivé.

« — Ne voulez-vous rien prendre? » demanda cet excellent homme, en changeant la conversation.

Un éclair de joie traversa l'œil de Guillemin, se tournant de mon côté, comme pour me demander avis.

« — Ça y est, dit-il, laisse-moi faire et tu vas voir. »

Il s'én tira si bien, tout en répétant qu'il n'avait nul besoin, qu'il ne prendrait qu'un seul verre pour trinquer à la santé du cousin, que celui-ci courut incontinent chercher un pain, deux belles tranches de bouilli et une bouteille de vieux vin.

Dieu sait si, malgré nos protestations pour

la forme, nous fîmes honneur au repas.

Le brave homme que ce cousin ! l'avons-nous remercié en le quittant à la nuit close, du bon accueil qu'il avait fait à deux moblots morts de faim.

. . . .

Les portes de la place continuent à rester fermées ; par suite de l'application rigoureuse de cette mesure, l'avenue de Vincennes est complètement déserte, la vie s'est retirée dans Paris.

On dit que notre armée continue son mouvement en avant sur Chelles, dont nous ne sommes qu'à une faible distance.

J'ai lu dans le *Moniteur de la guerre* de ce matin, avec affirmation positive — qu'après un nouveau combat nous étions restés définitivement maîtres du Bourget.

Nos journaux publient une proclamation de Guillaume à son armée. Cette pièce est curieuse à étudier. Il est aisé de reconnaître, à première vue, que le roi a singulièrement modifié son langage depuis son arrivée sous nos murs. Malgré l'annonce des dernières victoires, on sent percer un sentiment d'appréhension assez vive, sur la durée et les résultats de la lutte que nous soutenons. La conclusion va sans doute attrister ces braves Allemands qui croyaient, après avoir promptement réduit la Babylone moderne, retourner triomphants dans leurs foyers, planter le traditionnel arbre de Noël.

Un passage de cette proclamation m'a semblé grotesque[1], lorsque Guillaume s'étonne

1. Dix années écoulées n'ont pas changé le vieil empereur, il écrirait aujourd'hui encore ces bulletins providentiels et célèbres dans lesquels Dieu se trouvait sans cesse associé à « notre Fritz » et à « mon incomparable armée. »

Lors de ce dernier voyage à Strasbourg qui s'est terminé de la façon que l'on sait par la légendaire « Revue des Bottes, » un télégramme en date de Berlin, 22 septembre 1879, rapportait ainsi les paroles de Guillaume :

« L'empereur a paru agréablement surpris et a dit « qu'il était venu pour la première fois à Strasbourg, avec une indignation douloureuse « qu'une « grande partie des habitants de la France « ait abandonné ses paisibles travaux, que « nous n'avions pas (nous Allemands, bien

« dans des circonstances graves et qu'il fallait tâcher « d'effacer tous les souvenirs douloureux.

« L'empereur a ajouté : *qu'il avait toujours désiré que « le passage d'une situation à l'autre s'effectuât de la fa- « çon la plus douce possible.* (Ce sont sans doute les douceurs du bombardement auxquelles on a voulu faire allusion ici ?)

« L'empereur a fait remarquer en outre que la nou- « velle administration agirait conformément à ce désir « et que la nouvelle personnalité du nouveau gouver- « neur le garantissait.

« Le feld-maréchal de Manteuffel n'a pas toujours « fait partie de l'administration civile, a dit l'empe- « reur, mais *il a déjà fait ses preuves dans le Sleswig*, où « il a rempli des fonctions analogues à celles qu'il rem- « plira ici. »

Et l'homme « aux preuves » s'est hâté d'accourir.

Sans perdre un seul jour, il s'est mis à l'œuvre, parcourant le pays, cajolant les Alsaciens, « leur faisant la cour, » sachant verser au besoin un pleur avec et sur eux, appelant à son aide Bayard, qui n'en peut mais, pour conseiller aux annexés de se rallier à la patrie allemande.

« entendu) entravés, pour prendre les ar-
« mes! »

Voilà comment les « incomparables soldats » d'Outre-Rhin ont perdu — par la mauvaise tête des Français — l'occasion de se livrer aux charmes de l'idylle dans notre « belle France. »

Les voit-on d'ici, ces valeureux guerriers aux casques pointus, conter fleurette à des bergères entourées de brebis à la molle toison : le troupeau broute, au milieu d'une paix

Quand l'auditoire lui semble trop difficile à convaincre, le gouverneur n'hésite pas à déclarer d'un ton menaçant qu'il ne souffrira aucune intrigue avec l'étranger, et ce disant, il frappe sur sa vieille épée qui rend un bruit sinistre: à la bonne heure, la péroraison est seule vraie, on ne vous croira que les jours où vous parlerez « force et sabre! »

. . . .

Qu'on lise dans *le Temps* du 18 octobre 1879, le discours que le maréchal de Manteuffel a prononcé lors de sa visite au lycée de Metz. — Le N° du 21 et les suivants contiennent des renseignements très détaillés sur l'accueil caractéristique fait par les Messins au représentant de l'empereur Guillaume.

profonde, l'herbe grasse et fleurie des prés; la brise murmure harmonieuse entre les feuilles des arbres de vagues paroles d'amour — pauvre Gretchen on va t'oublier! — Au loin, les pipeaux d'un berger font résonner les échos d'alentour; quel frais et riant tableau ! n'est-on pas tenté de répéter avec le poète :

> O fortunatos nimium, sua si bona norint,
> Agricolas!.....

De gaieté de cœur, refuser un sort aussi heureux! Race française, à jamais incorrigible et folle, tu le mérites, n'est-ce pas, ce dédain haineux que professe pour toi l'austère vertu germaine ?

Port-Créteil, 25 *décembre* 1870. — Quel triste Noël j'ai passé ! Je souffre d'une dyssenterie qui m'enlève à la fois force et courage. Notre aide-major me fait absorber force doses de sous-nitrate de bismuth, mais jusqu'à ce moment rien n'y a fait.

Le froid est vif, le ciel s'est revêtu de tons gris comme s'il devait neiger et la Marne charrie des glaçons.

Triste, triste journée pour moi! Une mauvaise fée s'est chargée de garnir mes sabots.

. . . .

Il est quatre heures, le ciel s'assombrit rapidement et la nuit s'approche. Je souffre encore, mais moins que tantôt. Je viens de prendre mon repas, le premier de la journée : deux tranches de pain grillé trempées dans du vin, puis j'ai allumé ma vieille pipe et je me suis trouvé tout regaillardi. Demain, tout ira pour le mieux, j'espère reprendre mon service ; pourtant mes jambes étaient bien faibles encore lorsque j'ai voulu me lever et faire quelques pas dans la chambre. — Nous demeurons toujours sans nouvelles de la guerre.

Port-Créteil, 26 *décembre* 1870. — Je suis allé prendre mon premier repas dans ma nouvelle escouade. Il ne se trouve pas assez de place pour que j'y puisse coucher et je vais garder mon lit — lequel se compose d'un carton étendu sur un pavé de briques — dans la maison où je logeais auparavant. J'aurais préféré vivre avec mes nouveaux camarades qui ont l'air de garçons tranquilles.

Nous continuons à ignorer ce qui se passe à Paris.

Nos journaux ont la bouche close et « *La Patrie* » vient d'être frappée d'une suspension de trois jours pour avoir donné quelques détails sur les opérations militaires.

Le canon tonne du côté d'Avron ; au moment où j'écris — quatre heures — le feu redouble d'intensité.

Les glaces que charrie la Marne sont tellement fortes que l'on a été obligé de couper le pont de bateaux de Créteil. Depuis quelque temps, on travaille à remettre en état le pont de pierre ; dans deux ou trois jours, il sera suffisamment réparé pour supporter le passage de l'artillerie.

Chaque matin, en relevant les avant-postes, on trouve des soldats gelés ; les blessés, qui restent privés de secours pendant ces nuits terribles, sont ramassés raides morts le lendemain[1].

1. Ils (nos soldats) faisaient pitié à voir... la tête entourée de chiffons, leur couverture pliée et repliée autour du corps, les jambes enveloppées de loques... ils allaient sous la bise, aux avant-postes, aux tranchées. C'était bien Moscou aux portes de Paris.

Ce fut une dure épreuve que ces cruelles journées passées dans cette plaine de boue glacée (Bondy), balayée par la tourmente et sillonnée par les obus allemands.

S'il y eut des défaillances parmi nos mobiles et chez quelques-uns de nos soldats de la ligne, la grande majorité déploya un courage auquel on ne saurait trop rendre hommage. Que de braves furent mortellement frappés par le froid, accomplissant simplement, humblement leur devoir!

La santé de ceux qui ne succombèrent pas fut profondément atteinte; les cas de congélation se multiplièrent dans des proportions effrayantes. — Vers le 1er janvier, plus de 22,000 soldats, atteints d'anémie, rentrèrent dans Paris... on ne les revit plus!

(Ducrot, *Défense de Paris*, III, p. 212-213.)

J'étais de garde au poste de la compagnie ; le vent soufflait constamment du nord, une neige froide et glacée ne cessait de tomber ; nous avons eu cet abominable temps toute la nuit.

A deux heures, on a reçu l'ordre de se tenir prêt à partir.

Je ne possède qu'un seul pantalon que j'avais lavé la veille ; un camarade, dont la garde-robe est mieux montée que la mienne, m'avait complaisamment prêté le rechange ; mais l'ordre en question nous a forcés de boucler les sacs, il a fallu rendre le pantalon et reprendre le mien qui, encore tout mouillé, sèche à la chaleur de mon corps ; pour comble de malheurs, mes souliers se trouvent usés et prennent l'eau. Ces accidents réunis m'ont valu un violent mal de gorge accompagné de fièvre.

Je suis définitivement incorporé à ma nouvelle escouade et j'ai tout lieu de me féliciter du changement. Ici les hommes sont plus tranquilles, les repas s'achèvent sans cris ni batteries, les conversations sont convenables. Quand on s'absente, l'on est sûr en rentrant au logis de trouver sa pitance intacte et tenue chaude.

L'escouade s'est augmentée de cinq hommes; le local actuel ne pouvant contenir tout ce monde, il a fallu se mettre en quête d'un nouveau logement. Nous venons de trouver une habitation dont les portes sont depuis longtemps ouvertes à tous les vents; un froid glacial y règne en maître. Nous ne pouvons parvenir à échauffer les murs, et l'eau ruisselle le long des parois.

. . . .

Décidément la malechance s'est abattue sur nous. A Champigny, c'était une crue subite de la Marne qui faisait manquer la sortie; aujourd'hui, un froid intense décime nos hommes, paralyse nos mouvements, empêche les travaux qu'il faudrait établir pour nous protéger. Les dernières nouvelles de province sont mauvaises; les journaux allemands, trouvés sur les morts sont unanimes à constater que l'armée de la Loire est poursuivie et bat en retraite.

Durant toute la journée, nous avons entendu le canon qui grondait encore dans la direction d'Avron. Jusqu'à onze heures, le feu a été fort vif; depuis, son action s'est sensiblement ralentie. Il paraît que les Prussiens ont envoyé des obus sur Nogent et que deux artilleurs ont été atteints. De ce côté, nous pouvons dormir tranquilles, en cas d'attaque nous serons de force à répondre.

Une partie des troupes qui occupent Saint-Maur sont de piquet cette après-midi ; d'après certains dires, l'on doit se mettre en route cette nuit. — C'est donc pour nous faire tous crever! Arrive que pourra, comme nous n'avons pas reçu d'ordre contraire, je vais laisser mon sac tel qu'il est, c'est-à-dire à faire, et rouler ma couverture autour de moi, pour mieux résister au froid. Nous couchons au rez-de-chaussée de la maison, dans une longue salle parquetée, percée de deux portes vitrées qui donnent de plain-pied sur la cour. C'est fort commode pour le propriétaire lorsqu'il vient ici goûter le frais pendant les chaleurs de l'été, mais par le temps qui court, un bon mur ferait bien mieux notre affaire.

Port-Créteil, 28 *décembre* 1870. — Le froid continue à sévir aussi âpre que les jours précédents; par suite la situation militaire n'éprouve aucun changement.

Je n'ai pu me procurer de détails précis sur la canonnade d'hier ; on croit que les Prussiens ont bombardé Nogent pour masquer une attaque qu'ils tentaient contre le plateau d'Avron.

. . . .

Dire que dans trois jours, nous serons au nouvel an. Ce sera demain le 103me jour du siège. Paris n'est pas encore disposé à se rendre; quand même il faudrait renoncer à tout espoir de secours, la ville luttera jusqu'à la dernière extrémité. Cette situation se prolongera six semaines au moins, davantage peut-être, suivant la tournure que prendront les événements.

La mortalité devient effrayante : le bulletin de la dernière semaine accusait 2,728 décès[1].

Port-Créteil, 30 *décembre* 1870. — Journée très calme, à part un échange de coups de canon entre Nogent et l'ennemi.

Nous avons évacué le plateau d'Avron. Nos pièces, mal abritées derrière des terrassements inachevés, n'étaient pas de force, paraît-il, à

1. Le nombre des décès augmenta régulièrement en raison directe des souffrances et des privations supportées par les habitants.

Le 21 janvier, ce nombre fut pour la semaine, de 4,465.

Les derniers jours du siège furent marqués par une mortalité plus terrible encore.

lutter contre les Krupp, que les Allemands ont pu installer à leur aise.

On démonte en partie la batterie de Saint-Maur ; le matériel qu'on enlève est dirigé sur Vincennes.

Le bombardement n'a fait aucun mal à Nogent; les casernes seules ont souffert, on devait s'y attendre, puisque leurs toitures dépassent la crête du rempart ; il sera plus malaisé d'entamer les murs du fort.

Hier, Fontenay, Montreuil et Rosny ont reçu nombre d'obus.

Nous voilà fort exposés maintenant. Si les Prussiens tentent un coup de main contre nous, ils auront grandes chances de réussir : trop espacés, peu nombreux, privés d'artillerie, nous serons sûrement écharpés. Ce devrait être une raison pour se mieux garder : c'est précisément le contraire qui arrive. Nos hommes ont contracté, sous ce rapport, des habitudes déplorables et seront infailliblement surpris. Ce jour, ou plutôt cette nuit-là, l'on verra une belle cohue.

. . . .

Je suis mécontent du gouvernement.

Nous avons eu le temps contraire depuis quelques jours, j'en conviens, mais pourquoi cet abandon du plateau d'Avron[1] ? Pourquoi n'a-t-on pas fortifié convenablement cette position ? Depuis le 30 novembre que nous l'occupions, la terre n'a pas toujours été gelée.

Où Trochu veut-il nous conduire ? Prépare-t-il une action sérieuse ou va-t-il simplement nous laisser morfondre ici jusqu'à ce que l'on ait dévoré la dernière bouchée de pain ? D'après la tournure que semblent prendre les choses, j'en éprouve une sorte d'effroi et un vague pressentiment.

1. On a dit avec raison que les travaux d'Avron n'avaient pas été faits ; les ordres avaient été donnés, et là comme ailleurs, il n'ont point été exécutés.

(Ducrot. *Défense de Paris*, III, p. 211-263.)

La tâche est lourde, mais avec les immenses ressources dont dispose Paris, il y a mieux à faire que de se laisser bloquer et de prendre de continuelles demi-mesures comme cela s'est passé jusqu'à ce jour.

Nous sommes encore sans nouvelles de la province. Depuis quelque temps, je parcours les journaux de la première à la dernière ligne dans l'espoir de rencontrer une dépêche à mon adresse ; mais c'est en vain : comme la sœur Anne, je cherche et ne vois rien venir.

Je suis de garde aujourd'hui ; il fait encore froid, mais la température est devenue supportable.

C'est demain le dernier jour de l'année ! Je vais écrire aux miens une bonne et longue lettre de 1er de l'an. Pauvres chers parents ! que devenez-vous là-bas? Si vous saviez combien ce soir j'ai pensé à vous.

Port-Créteil, 31 décembre 1870. — La nuit a

été très calme ; vers le matin, il a quelque peu neigé et le temps s'est adouci.

A travers un léger brouillard, le soleil monte lentement à l'horizon ; ses rayons font étinceler la vaste plaine blanche et déserte qui s'étend au loin devant nous.

J'ai lu le *Moniteur de la Guerre* d'aujourd'hui, en voici le résumé : Absence totale de nouvelles militaires. — Grand conseil du comité de défense et des maires de Paris convoqués au Louvre. — Vives et âpres discussions. — Action prochaine sans qu'on sache de quel côté.

Ma conclusion : Toujours la même chose.

Après-midi. — J'ai remis ma lettre à l'un des hommes de l'escouade qui se rend à Paris. Elle partira trop tard pour parvenir à son adresse le 1er janvier, mais qu'importent deux ou trois jours de plus, pourvu qu'elle arrive ?

Un camarade, dont la femme et les enfants

se sont réfugiés dans Paris avant l'investissement, a grande envie de se retrouver, le jour de l'an, au milieu de sa petite famille. Malheureusement c'est son tour de garde et la permission va lui être refusée. Il m'a prié de le remplacer. Bien que fatigué de mon service d'hier, j'ai rendu avec plaisir le service que l'on me demandait ; ce brave garçon est parti me disant un merci tout joyeux. Ne suis-je pas payé de ma peine par le plaisir d'avoir fait un heureux ?

Ici chacun s'arrange pour passer le plus gaiement possible sa journée de demain ; les uns iront à Paris se retremper près des leurs ; d'autres, moins favorisés, resteront à Créteil ; mais malgré tout, ces hommes se connaissent ; ils pourront à leur aise parler entre eux du pays absent, causer des jours heureux de leur jeunesse, former ensemble des projets d'avenir. Quant à moi, je reste isolé au milieu de ce monde pour lequel je ne suis qu'un camarade de rencontre, qu'un étranger. Ces réflexions, sur lesquelles j'ai le tort de m'appesantir, me rendent de plus en plus triste. J'ai besoin de toute mon énergie pour vaincre l'accablement qu'elles m'apportent.

Ce matin, l'ennemi tirait sur Nogent, son feu était faible.

. . . .

Pour terminer un dîner assez gai, nous avons pris le café et le vin chaud ; personne n'a commis le moindre excès et nous avons passé le temps à babiller comme gens qui n'ont autre chose à faire.

A dix heures, l'on m'a commandé pour une patrouille, je rentre à l'instant.

Je vais prendre la garde à minuit ; la soirée s'annonce tranquille et le canon, depuis longtemps, a cessé de faire entendre sa voix.

J'aime, lorsque la pâle lumière de la lune se joue dans la ramure des grands arbres, à me trouver seul pour m'appartenir entièrement. Tandis que, l'œil et l'oreille au guet, je me livre à des allées et venues répétées pour combattre le froid qui me gagne pendant ma faction, mon imagination se donne un libre essor et franchit les étroites limites qui nous sont imposées. Je me laisse aller au bruit doux et monotone de la rivière qui coule à quelques pas de nous et, bercé par son murmure, mon esprit s'abandonne insensiblement à la rêverie. Devant moi repassent tour à tour tous les souvenirs de ma vie ; heures heureuses, jours de souffrance, rien ne m'échappe ; leurs moindres détails m'apparaissent dans une merveilleuse clarté.

O mes parents, adieu ! Adieu pour l'année qui s'achève ; que celle qui va s'ouvrir soit plus heureuse pour la France et pour vous !

Port-Créteil, 1er *janvier* 1871. — Journée très calme. Plus de la moitié des hommes manquent ce soir à l'appel.

Le général Trochu vient de lancer une proclamation qui, cette fois, a le mérite d'arriver à temps. Tout le monde criait hautement contre l'inaction à laquelle on nous condamnait.

Je reçois à l'instant une permission dont j'userai pour aller à Paris.

Port-Créteil, *4 janvier* 1871. — De Joinville à la Faisanderie, j'ai assisté au bombardement de notre ancienne résidence de Nogent. La côte de Noisy-le-Grand, autrefois inoffensive, ne cessait de couvrir nos positions d'obus. Du milieu des futaies qui couronnent les collines s'élançaient de longs jets de fumée qui, rampant au ras de terre, augmentaient de volume, s'étendaient en larges panaches et se fondaient lentement dans l'air. Les batteries ennemies ne perdaient pas une minute, les détonations se succédaient sourdes et régulières. Le fort gardait le silence le plus complet. Les toitures des casernes me parurent fort endommagées, mais je me trouvais trop loin pour me rendre un compte exact de la nature et de l'importance des dégâts.

Je perdis bientôt de vue ce spectacle affligeant pour tout Français et je continuai de suivre, à travers le bois de Vincennes, la route qui conduit à Paris. Les taillis présentaient l'aspect le plus pittoresque ; on aurait pu se croire au milieu d'une forêt en coupe ; partout les arbres tombaient sous les coups répétés de la cognée ; des piles de bois fendu s'élevaient regulièrement espacées entre les troncs gris des chênes que marbraient de leurs tons variés les longues mousses d'hiver. Des feux allumés par les bûcherons se consumaient lentement et répandaient de tous côtés une épaisse fumée.

Il gelait à pierre fendre.

. . . .

Je m'étais franchement ennuyé, pour ne pas dire plus, la veille ; aussi m'étais-je bien promis de profiter de ma permission pour m'offrir, en guise de dédommagement, un solide et plantureux dîner. Depuis longtemps c'était chose si rare pour moi ! Le peu d'argent que je possédais me permettait de satisfaire cette fantaisie ; vu le temps et les circonstances, c'était bien le meilleur placement que l'on pût faire de ses fonds.

A six heures, mon estomac criait famine. Réflexions faites, je me décidai à entrer chez B..., l'un des bons restaurateurs du boulevard Poissonnière. Dans cette maison, l'article service n'a pas encore fait doubler l'addition et l'on dîne pour un prix raisonnable. Autrefois, au moment d'entrer, je m'arrêtais un instant sur le seuil, ébloui par les lustres étincelants de gaz dont les lumières se reflétaient dans les glaces, et je me disais qu'il serait plus raisonnable de se contenter d'un dîner plus modeste. La vue de ces longues files de tables, recouvertes de nappes immaculées, garnies de pains de toutes formes, à la croûte dorée dont les crevasses laissaient entrevoir une pâte d'une blancheur de neige ; les allées et venues des garçons alertes et empressés, un délicieux parfum de cuisine savante qui, s'échappait au dehors par quelque fenêtre laissée entr'ouverte pour rafraîchir la salle, avaient promptement raison de mes honnêtes scrupules : toute hésitation disparaissait et c'était d'un pas leste et décidé que je me dirigeais vers la place que j'avais coutume d'occuper.

Sur le boulevard, le flot des promeneurs passait incessant ; les uns, à la démarche pressée, se rendaient à leurs affaires ; d'autres flânaient et jetaient parfois sur nos tables des regards où n'entrait pas d'envie. En ce temps-là, du moins, chacun était sûr, en rentrant chez lui, de trouver table mise ; il n'était si modeste ménage qui ne pût se procurer à bon compte une nourriture abondante. Ces soirs-là, Paris dînait.

Hier, les rares passants qu'on rencontrait encore, étaient pour la plupart de pauvres diables qui, sans le sou dans la poche, n'ayant chez eux ni feu ni pain, couraient rapidement pour se réchauffer et s'en remettaient au hasard, ce grand pourvoyeur de tant de monde, du soin de leur fournir un souper. Que ce dieu se trouvât maussade ou qu'il fût occupé ailleurs, il fallait se coucher à jeun, en attendant pour le lendemain les trente grammes de cheval que le gouvernement distribue par jour et par bouche aux deux millions d'affamés dont se compose la population actuelle de Paris.

La nuit venue, sur les boulevards, les magasins étaient fermés; les quelques restaurants restés ouverts s'enveloppaient d'ombre comme s'ils avaient craint que les visages haves et creux des faméliques qui rôdaient aux alentours, ne vinssent troubler les mortels heureux auxquels la fortune permettait de supporter, sans trop s'en apercevoir, la période de souffrances que nous traversons.

Le long des devantures, des stores soigneusement baissés interdisaient aux regards indiscrets du dehors de pénétrer dans la salle. A l'intérieur, la lumière terne des lampes avait remplacé le gaz brillant d'autrefois; le service se faisait sans bruit comme si l'on se fût trouvé dans la chambre d'un malade, le dîner achevé, chaque convive quittait sa place sans mot dire; je n'ai remarqué chez personne cette joie expansive, un peu bruyante, qu'on laisse souvent éclater à la fin d'un bon repas.

. . . .

J'ai passé la nuit chez un de mes amis qui habite le quartier latin; quand j'ai songé à le quitter, nous avions longuement causé, il était tard, mon hôtel loin; j'ai donc accepté un fauteuil sur lequel je me suis étendu, faisant de mon mieux pour dormir. Durant mes fréquentes insomnies, j'entendais dans la direction de Montrouge le grondement des grosses pièces de siège.

Ce matin, pour rentrer chez moi, j'ai pris un moment les quais; sauf le service des canonnières, la navigation est complètement suspendue. Des glaçons suivaient lentement le fil de l'eau ; sur les rives, de larges plaques de glace craquelées et presque détachées des bords, faisaient ressortir par leur blancheur, les tons verts et limpides du fleuve. Les quais, les cours des Tuileries et du Louvre étaient déserts. Cette partie de Paris, naguère si vivante et si gaie, paraissait entièrement abandonnée.

Autrefois, les bateaux-mouches remontaient et descendaient la Seine, débarquant une foule affairée, qui, comme une fourmilière, se répandait de tous côtés ; les fiacres, les omnibus roulaient avec bruit sur la chaussée et s'engouffraient sous les guichets du Louvre. Dominant cette cohue, la splendide façade du palais étincelait fièrement sous les rayons d'un soleil plus heureux.

Remontant ensuite la rue Bonaparte, je suis bientôt arrivé sur la place où s'élève Saint-Germain-des-Prés ; je ne connaissais guère que de vue cette antique église, où j'ai passé plus d'une heure. J'ai longuement contemplé les admirables fresques de Flandrin qui décorent les murs; il m'eût fallu plus de temps pour me faire une idée exacte et raisonnée de l'œuvre du maître; d'ailleurs le jour était bas et sa lumière filtrait avec peine à travers les vitraux.

L'église était à peu près déserte : trois sœurs grises agenouillées sur les dalles, un malade qui, récitant des oraisons, se frappait régulièrement le dessus de la main droite de la paume de la gauche, et de ce remède semblait espérer sa guérison, paraissaient perdus dans la vaste nef dont les profondeurs commençaient à s'emplir des premières ombres du soir. Le silence qui régnait sous les voûtes, et que ne troublait, à l'exception de la voix grave et lointaine du canon, aucun des bruits du dehors, se revêtait insensiblement d'un caractère d'indéfinissable grandeur. En proie à une émotion profonde, j'ai senti, sans en avoir conscience, mes pensées s'élever vers Celui qui tient nos destinées entre ses mains et ma prière est montée à Dieu, le suppliant de protéger notre pauvre France, de prendre en pitié ces vieillards, ces femmes et ces enfants, foule immense éprouvée par les horreurs d'un long siège dont il n'est pas encore permis d'entrevoir la fin.

J'ai quitté Paris, le cœur rempli d'une amère et indicible tristesse. L'air qu'on y respire est imprégné des souffrances de tout ce peuple; le ciel est sombre et bas; en certains quartiers les maisons sont fermées, les fenêtres closes comme si la mort avait passé par là. Quelques passants, le visage contracté par le désespoir et l'angoisse, de rares voitures qui, pour la plupart, roulent à vide, presque à chaque pas des corbillards que ne suit plus personne, emportés au grand trot de leurs chevaux vers les cimetières animent seuls ces larges rues, autrefois trop étroites.

C'est aujourd'hui Paris qui paie ses heures de légèreté et d'oubli; c'est l'expiation des bonheurs et des jouissances trop faciles, c'est la ruine après l'opulence, la chute après la grandeur; mais c'est aussi Paris sublime, Paris mourant pour la France à laquelle il veut payer sa dette; c'est un grand peuple, prêt à tous les sacrifices, qui, affiné, régénéré par ces jours d'épreuves, attend et prépare l'heure prochaine de la délivrance du pays!

. . . .

Sans nouvelles de la province. Ce silence nous tue!

Le froid continue; ce matin les arbres sont tout chargés de givre et un épais brouillard s'élève de la Marne.

On vient de prendre vingt hommes par compagnie pour construire une barricade sur le chemin de Champigny. Près de la rivière, l'on commence à abattre les murs de clôture des jardins; ces travaux ne sont pas encore achevés et nous les reprendrons demain.

Les grosses pièces de l'ennemi se font entendre au nord, c'est toujours Nogent qui leur sert d'objectif.

Port-Créteil, 5 *janvier* 1871. — Hier, au lieu de me coucher de bonne heure comme j'en avais l'intention, je me suis attardé à lire un volume que j'ai trouvé dans je ne sais plus quel coin de la maison; il avait pour titre : *Mémoires d'une femme de chambre.* Ce livre n'étant pas trop long, je ne l'ai fermé qu'une fois achevé. C'est un ouvrage comme tant d'autres, qui ne se distingue par quoi que ce soit d'intéressant ou de remarquable. Il n'y a point lieu de regretter ce genre de littérature, aussi énervée qu'énervante, qui fut en si grande faveur sous les derniers jours de l'Empire.

Durant les quatre heures que me prit cette lecture, je n'étais pas tellement absorbé par le récit des aventures de Cendrinette que je ne pusse entendre le bombardement qui continuait à se déchaîner contre Nogent. Décidément on lui en veut à ce malheureux fort! Je tressaillais, malgré moi, au son vibrant et prolongé des pièces prussiennes, au sifflement strident des obus qui éclataient peu après avec un fracas affreux. A la vue de nos camarades étendus sur le plancher, dormant d'un profond sommeil, je me demandais si tout cela n'était pas un rêve, si c'était bien moi, qui, acteur et public, assistais à l'un des plus grands drames qu'ait présentés l'histoire du monde.

. . . .

CHAPITRE VI

Bombardement des forts du Sud. — Espérances. — Bonnes nouvelles de la province. — Une dépêche des miens. — Un courrier. — L'ambulance de Joinville. — Une mère. — Deux bébés. — Conférence de Londres. — Le journal *le Combat*. — Félix Pyat. — Montretout. — Découragement. — Saint-Denis bombardé. — Vinoy, gouverneur de Paris. — Bruits de restauration bonapartiste. — Suspension d'armes. — Les vivres manquent. — Souvenir à Henri Regnault. — Sur l'avenue de Vincennes. — La fin!

Ce matin, un épouvantable feu d'artillerie a été dirigé contre les forts du Sud; tout ce que j'avais pu entendre jusqu'à ce jour n'était en comparaison que jeux d'enfants : la terre même paraissait trembler sous nos pas.

Dans l'après-midi, le ciel qui, depuis le commencement de la journée, était demeuré assez pur, se couvre subitement; de violentes rafales de vent chargé de grêle et de neige s'engouffrent dans les rues et aveuglent nos sentinelles. Au milieu de ce deuil de la nature, le canon continue à faire rage : on dirait les grondements de la foudre pendant une furieuse tempête.

A la tombée de la nuit le feu a cessé au sud, pour reprendre avec une nouvelle vigueur contre Nogent, qui venait de jouir de quelques heures de répit.

Nous avons reçu l'ordre de nous préparer à déménager dans les caves. On croit que le bombardement va s'étendre jusqu'à nous.

Les bataillons de gardes nationaux campés dans la presqu'île viennent de la quitter.

On a ramené quelques pièces d'artillerie à Saint-Maur. — Nos 7e et 8e compagnies, qui, cette nuit, étaient de service à Joinville, ont engagé avec l'ennemi une fusillade assez vive ; nous n'avons perdu personne.

Trois Bavarois se sont avancés jusqu'à Créteil. Après avoir jeté leurs armes, ils se sont constitués prisonniers. Pareille chose avait eu lieu hier. C'étaient des jeunes gens qui m'ont paru prendre fort gaiement leur parti de la captivité qu'ils avaient, du reste, volontairement cherchée.

. . . .

Depuis que le bombardement est commencé, l'esprit des hommes s'améliore. Chacun envisage à sa façon la phase nouvelle dans laquelle viennent d'entrer les opérations du siège. L'opinion à peu près générale est que, pour agir ainsi, les assiégeants obéissent à des mobiles qui doivent nous donner quelque espoir.

Si l'armée de la Loire et nos autres forces de province se trouvent hors d'état de nous porter secours, si les Allemands n'ont pas à redouter contre leurs lignes une sérieuse attaque venant du dehors, pourquoi — dès lors que nous les laissons tranquilles — dévier de la ligne de conduite qu'ils ont rigoureusement suivie jusqu'à ce jour? Pourquoi ne pas nous laisser morfondre sur place ? Chaque journée passée de la sorte ne diminue-t-elle pas d'autant l'approvisionnement que possède Paris ?

Ce vacarme que l'on fait ne cherche-t-il pas à cacher quelque chose , ce gaspillage de poudre et d'obus qui n'aboutit qu'à tuer quelques soldats isolés, qu'à massacrer dans les rues des femmes et des enfants, ne peut-il servir à masquer une opération tentée dans le but d'écraser les armées de secours ?

Si l'on en juge par la mise en scène actuelle, pour occasionner tant de bruit, nos forces de province ne sont donc pas aussi détruites qu'on l'a bien voulu dire à Versailles. Qui sait même si en ce moment elles ne s'approchent pas de Paris ?

Cette hypothèse expliquerait suffisamment les dernières démonstrations de l'ennemi ! Sans se laisser aller à des illusions exagérées, l'on peut dire que la partie n'est pas encore perdue pour nous.

Port-Créteil, 7 *janvier* 1871. — Le bombardement continue ; au sud, le feu de l'ennemi s'est sensiblement ralenti.

Dégel complet, la terre est détrempée et ressemble à un véritable bourbier. On ne peut faire deux pas dehors sans rentrer crotté jusqu'au dos.

Les glaçons que charrie la Marne ont fortement endommagé les pilotis du pont de Créteil; la réparation venait d'être justement achevée et le tablier pouvait supporter le passage des canons; mais aujourd'hui, il ne serait pas prudent d'y aventurer un cheval ; à la moindre secousse la charpente entière vacille et menace de s'abîmer dans la rivière.

Il y a dans l'air de ces choses qui ne se peuvent analyser ni définir; un espoir de victoires remportées en province a pénétré peu à peu dans tous les cœurs; des bruits sans consistance apparente ont commencé à courir, semblables à ces légers brouillards qui finissent par s'épaissir et par prendre corps; pour beaucoup, au premier jour, tout cela doit devenir des réalités.

Deux proclamations, lancées l'une après l'autre par le gouvernement, n'ont fait qu'entretenir ces espérances[1] : elles parlent du

1. « La population de Paris accepte vaillamment « cette nouvelle épreuve (le bombardement). L'ennemi « croit l'intimider, il ne fera que rendre son élan plus « vigoureux. Elle se montrera digne de l'armée de la « Loire qui a fait reculer l'ennemi, de l'armée du Nord « qui marche à notre secours. »

(*Proclamation du 7 janvier* 1871.)

« Aux habitants de Paris,

« Au moment où l'ennemi redouble ses efforts d'in« timidation, on cherche à égarer les citoyens de Pa« ris par la tromperie et la calomnie ; on exploite con« tre la Défense nos souffrances et nos sacrifices.

« Rien ne fera tomber les armes de nos mains.

« Courage, Confiance, Patriotisme.

« Le gouverneur de Paris ne capitulera pas.

« Paris, le 6 janvier 1871.

« *Le Gouverneur de Paris*,

« Général Trochu. »

progrès de nos armées du dehors, en termes bien vagues il est vrai, mais ne peut-on supposer que pour certains motifs aisés à comprendre, le gouvernement soit encore obligé de garder le silence ?

Hier, le *Peuple Français* nous annonçait qu'une grande bataille avait été perdue par l'armée prussienne ; Von der Thann aurait été tué, Frédéric-Charles, grièvement blessé. Ce soir, le même journal se dit en mesure de confirmer les nouvelles données par son précédent numéro.

Quelle confiance accorder à tous ces bruits ? Je me sens les nerfs horriblement agacés et irritables ; que l'*Officiel* parle donc au lieu de se renfermer dans ce demi-silence dont on ne peut rien conclure et qui cause la pire des incertitudes.

Port-Créteil, 8 janvier 1871. — Journée tranquille, le bombardement continue, mais assez faible.

D'après les journaux, les Allemands ont été battus en province; ils se replient sur Paris.

Ce soir, le régiment est sous les armes, on craint une attaque de nuit contre Créteil, nous sommes prêts à la recevoir.

Port-Créteil, 9 *janvier* 1871.— Nous en avons été pour nos frais, aucun mouvement ne s'est opéré du côté des lignes assiégeantes.

Saint-Maur reçoit quelques obus; au sud, le bombardement continue aussi violent que jamais.

Cette nuit, l'on nous a réveillés pour nous faire travailler à la construction d'une batterie que l'on établit dans le jardin de la maison qu'occupe mon ancienne escouade. Les hommes se sont levés en grommelant, peu satisfaits d'une pareille corvée. Une forte équipe d'ouvriers civils est venue nous aider. Bien qu'activement poussés, les terrassements ne sont pas encore terminés; on doit continuer le travail toute la nuit, et demain les canons pourront être en place.

Pendant la journée, les civils, à l'instigation de quelques meneurs, ont renversé les brouettes et jeté leurs outils, « c'était trop pénible, » disaient-ils ; il a fallu ramener les récalcitrants sur le chantier, baïonnettes au dos.

A quatre heures, ce matin, un ballon est passé au-dessus de nous, se dirigeant vers le sud-est ; la nuit était claire et nous l'avons très distinctement aperçu [1]. Peu après, une fusillade assez vive a éclaté du côté de Charenton. L'on s'attend toujours à être attaqué par Créteil ; aucune permission n'est accordée.

. . . .

Bonnes dépêches de la province apportées par les pigeons.

Dans le nord, Faidherbe a battu Manteuffel.

Chanzy fait peu à peu reculer l'ennemi. Aux

1. C'était le « Gambetta » porteur de passagers, de dépêches et de pigeons. Ce ballon opéra sa descente à Clamecy, à 2 h. 30 du soir.

dernières dates, son armée occupait fortement le Mans et les environs.

En Bourgogne, en Franche-Comté, les Allemands ont été obligés d'évacuer Dijon et Gray; ils battent en retraite sur Vesoul.

J'ai lu ces heureuses nouvelles dans le *Rappel* de ce matin; le gouvernement vient de les afficher. Paris est dans la joie, j'aurais bien voulu voir l'aspect que présentait la ville aujourd'hui.

J'ai confiance, j'espère que de succès en succès nous atteindrons le jour de la délivrance. Malgré tout, l'expiation aura été trop dure.

Port-Créteil, 10 *janvier* 1871. — J'étais de garde cette nuit, nous sommes rentrés exténués de fatigue.

Vers six heures, des mobiles de la 6e compagnie, qui avaient voulu se payer un chauffage de propriétaire, ont allumé un tel feu de cheminée que les flammes n'ont pas tardé à dépasser la toiture de plusieurs mètres; ce point de mire était trop visible pour que les Allemands perdissent l'occasion d'exercer l'adresse de leurs artilleurs. Une bonne volée d'obus est venue se perdre dans les jardins environnants où ils ont éclaté sans blesser presonne. Ce genre de leçon valait tous les avertissements du monde, et les flammes ont disparu plus promptement que si l'on eût appelé à l'aide la meilleure escouade de pompiers que possède la ville de Paris.

On parlait tantôt d'une bataille que l'armée de la Loire aurait livrée sous Versailles. Ce bruit est absurde et je ne le répète que pour mémoire. Dire que l'on ne manque pas de gens assez simples pour ajouter créance à de pareilles nouvelles, assez niais pour les colporter partout!

. . . .

La vie que nous menons devient de plus en plus fatigante. Malgré soi, l'on se sent presque amené à souhaiter une fin, quelle qu'elle doive être. Le moral des hommes est plus atteint encore que le physique. Qu'on agisse donc, bientôt, et énergiquement. Si cette situation vient à se prolonger quelque temps, nous tomberons dans un état d'hébétement complet. A force de lutter sans relâche, la nature la plus robuste finit par s'affaiblir ! De l'action, de l'action, il n'y a que cela qui puisse nous réveiller et nous rendre courage ; c'est le cri de tout le monde aujourd'hui.

Les Prussiens bombardent Paris ; c'est bien à la ville qu'ils en veulent ; furieux de ne pouvoir prendre ni même ébrécher les forts, ils se vengent lâchement sur des femmes et des enfants. Voilà certes de beaux exploits qu'ils pourront inscrire au Livre d'or des nations civilisées.

La population parisienne supporte dignement et courageusement ces tristes épreuves, mais au fond des poitrines que de haine s'amasse! Malheur au Gouvernement, malheur à nous peut-être, si l'on ne sait s'y prendre à temps pour empêcher que le vase trop plein ne vienne à déborder!

Port-Créteil, 11 *janvier* 1871.— J'ai reçu ce matin un télégramme. La dépêche, venue par pigeon, est datée du 15 novembre. A ce moment, tout le monde se portait bien chez nous.

En lisant les deux lignes, au style indifférent et sec, qui m'apportaient ces bonnes nouvelles, j'ai cru que j'allais perdre la raison. Depuis quatre mois, séparé des miens, il me semblait qu'entre nous tout fût désormais fini, que nous ne dussions jamais nous revoir; je me croyais seul au monde. Oh! j'ai ri, j'ai pleuré, j'ai baisé cent fois ce carré de papier bleu qui ne s'attendait guère, sans doute, à une pareille furie de caresses. Quelle bonne chose que la famille! Quand chaque soir, avant de regagner ma chambre, j'allais souhaiter aux miens le bonsoir accoutumé; quand mon baiser d'adieu m'était rendu accompagné du bon et doux sourire de ma mère, avais-je jamais songé aux douleurs qu'entraîne une séparation qui peut devenir éternelle? Seules, l'absence ou la mort, sont capables de faire sentir la force des liens qui nous attachent à ceux que nous aimons!

Immédiatement, j'ai répondu par une épître de huit pages; il m'a fallu l'adresser sous deux enveloppes séparées, la poste par ballon n'admettant par lettre qu'un poids rigoureusement limité.

. . . .

Saint-Maur a canonné vigoureusement l'ennemi.

Notre nouvelle batterie est achevée et prête à commencer le feu; son armement se compose de cinq pièces de 12. Nous sommes dominés de tous côtés; aussi, dès que nos canons auront donné signe de vie, pourrons-nous compter sur une large distribution d'obus : ce sera le moment psychologique d'utiliser les abris préparés dans les caves.

Un courrier du gouvernement doit passer cette nuit par la presqu'île; après avoir traversé la Marne, à la nage sans doute, il va tenter de franchir les lignes prussiennes : cette nouvelle vient d'être communiquée aux avant-postes afin d'éviter que nos sentinelles ne tirent dessus. Une profonde obscurité favorise cette tentative qui ne présente pourtant que de bien faibles chances de succès. Dans le cas contraire, c'est la mort par un Allemand embusqué comme un fauve derrière un buisson ou caché au fond d'un trou; c'est le passage devant un conseil de guerre, dont les jugements sommaires sont exécutés sans pitié auprès du premier mur venu.

Port-Créteil, 12 *janvier* 1871. — Ce matin, je me suis trouvé très-souffrant. N'ayant pu passer à la visite du major, j'ai résolu d'aller consulter un des médecins de l'ambulance de Joinville, laquelle, dit-on, est admirablement organisée.

Les Prussiens bombardaient la zone que j'avais à traverser, il n'était point prudent de se promener dans les rues, aussi n'y ai-je rencontré personne. Beaucoup de maisons, ouvertes les jours précédents, se trouvaient maintenant fermées : les habitants effrayés s'étaient enfuis à Paris.

Rasant de près les murs, les clôtures des jardins; dans les terrains découverts, profitant des moindres abris, je pus arriver sans encombre à Saint-Maur.

Un obus venait justement de tomber sur l'église, après avoir traversé la toiture, il avait pénétré à l'intérieur de l'édifice, fort heureusement sans éclater. Le clocher semblait servir de cible aux pointeurs ennemis, et la place était trop peu sûre pour que l'on trouvât quelque plaisir à y séjourner longtemps. Après avoir obtenu les renseignements qui m'étaient nécessaires, je m'éloignai rapidement.

Un large drapeau à croix rouge sur fond blanc, qui flottait au vent, m'annonça que j'approchais du terme de mon voyage ; l'ambulance où je me rendais se trouvait rue de Paris, installée dans les bâtiments assez vastes d'une institution de jeunes gens. En entrant dans la cour, un trou énorme, creusé par un projectile de fort calibre qui avait déchiré la muraille, s'offrit tout d'abord à mes yeux. Levant la tête dans la direction du faîte, je n'aperçus que chevrons brisés passant à travers la toiture qui n'était plus, pour ainsi dire, qu'une ouverture béante ; deux ou trois vitres étaient demeurées intactes aux fenêtres ; tout à l'entour, à terre, une couche épaisse de plâtras, de verres et d'ardoises brisés, indiquait assez que là, comme ailleurs, l'ennemi s'était chargé d'accomplir avec conscience son œuvre de destruction sauvage.

Tirer sur des blessés ! les misérables ! ne

l'ont-ils pas fait avec connaissance de cause partout où leurs canons ont eu la puissance de portée !

L'ambulance avait été évacuée, sans que le feu dirigé contre elle se fût un seul instant ralenti. Et pourtant ces malades, ces blessés qu'une faible secousse, que le moindre changement pouvaient tuer, n'étaient-ils pas couverts par la convention de Genève[1] ?

1. 6 janvier. — Le tir s'accentue contre les quartiers de la rive gauche; le jardin du Luxembourg, les baraques d'ambulances, le Val-de-Grâce, reçoivent de nombreux projectiles.

8 janvier. — Le tir sur la rive gauche a continué nuit et jour, les obus tombent en plus grand nombre. Le Val-de-Grâce, la Sorbonne, la bibliothèque Sainte-Geneviève sont atteints.

9 janvier. — On compte plus de 300 obus tombés dans les quartiers Saint-Victor, Jardin des Plantes, Val-de-Grâce, Notre-Dame des Champs, École militaire; en deux heures, il en est tombé 50 aux abords du Panthéon. Les hôpitaux du Val-de-Grâce, de la Cha-

C'est bien là le dernier souci des assiégeants. Est-ce qu'à leurs yeux, la vie de Français malades ou blessés, compte seulement pour quelque chose ?

. . . .

Mon voyage était désormais sans but et je repris le chemin de nos cantonnements. Les obus ne cessaient de tomber, je les entendais éclater dans les jardins des propriétés désertes ; à Joinville comme à Saint-Maur, les habitants se sont enfuis.

rité, de la Salpêtrière, Necker, des Jeunes-Aveugles ne sont pas épargnés

(Ducrot, *Défense de Paris*, IV, p. 11, 13 et 14.)

Jules Favre se plaignit un jour que les Allemands eussent tiré sur les hôpitaux, sur l'hospice des Quinze-Vingts.

« — Et pourquoi pas? reprit le chancelier. Les Français ont bien tiré sur nos gens, sur des gens vigoureux et bien portants! »

(Seinguerlet, *Propos de table du comte de Bismarck*, p. 71.)

En traversant la place, sous laquelle passe le canal, j'aperçus à la devanture d'une boutique d'assez piètre apparence, quelques tablettes de chocolat que je me décidai à acheter. Une femme, jeune encore, à la physionomie énergique et belle, me vint servir; pendant qu'elle enveloppait prestement sa marchandise :

« — Vous ne craignez pas de rester ici, lui ai-je demandé, ne tombe-t-il pas d'obus aux environs ?

« — Oh si, monsieur, les Prussiens tirent partout et pas plus que les autres notre quartier n'a été épargné.

« — Alors, pourquoi demeurer ainsi, exposée à chaque instant à périr ? »

Le visage de cette femme s'est assombri tout à coup ; c'est en pleurant qu'elle m'a répondu :

« — Mort pour mort, je préfère la chance d'un obus allemand à la misère qui règne dans Paris.

« Il n'y a plus que les riches qui puissent

vivre là-bas, et cette guerre maudite m'a pris mes dernières ressources. Ici du moins, je me procure encore du bois et quelques vivres ; le petit commerce que je fais pourvoit à l'entretien de mes enfants... Oh !... si vous saviez... comme c'est dur de les entendre crier le froid et la faim et de se dire que l'on ne peut rien pour eux ! »

Ces quelques mots, prononcés simplement, empreints de cet inimitable accent que la vérité et le cœur seuls savent donner aux choses, m'ont ému plus que je ne pourrais le dire.

Les enfants, deux bébés de trois et de quatre ans, jouaient ensemble dans l'arrière-boutique ; par la porte entr'ouverte, j'apercevais les visages roses de deux lutins aux cheveux bouclés, à l'œil éveillé, qui s'amusaient, sans songer aux soucis du présent ; leurs rires enfantins s'envolaient frais et purs comme deux chants d'oiseaux. O mes bébés, vous ne saviez guère, en vous livrant à vos joyeux ébats, qu'un éclat de fer prussien pouvait à jamais venir fermer vos yeux bleus et interrompre brutalement vos jeux pour une éternité.

. . . .

Depuis quelques jours, des bruits de trahison circulent dans Paris.

On a raconté d'abord qu'une Allemande, servante chez un de nos officiers supérieurs, avait trouvé moyen de surprendre ses plans et de les communiquer à l'ennemi.

Puis est venu le tour du sergent Hoff, si populaire parmi nous au commencement du siège, et dont on n'a plus entendu parler depuis Champigny. C'était, paraît-il, un espion [1] qui n'a fait que nous trahir tout le temps.

1. J'engage les lecteurs qui voudraient connaître la courageuse et patriotique conduite de Hoff, à lire l'intéressant article publié par M. L. Lande, dans *la Revue des Deux Mondes*, N° du 1er janvier 1873, sous ce titre : *Le sergent Hoff, épisode du Siège de Paris.*

Hoff, en récompense de ses services, a été nommé gardien de l'Arc de l'Étoile. Actuellement il occupe encore ce poste.

Aujourd'hui, c'est le tour du général Schmitz, chef d'état-major de Trochu, que l'on accuse d'avoir vendu le secret d'une sortie projetée le 9 de ce mois.

Je me borne à enregistrer ces rumeurs.

Une partie de la population, celle que son manque d'intelligence ou d'instruction laisse livrée à tous les clabaudages d'une certaine presse, commence à y ajouter foi.

Il y a là peut-être le germe d'événements plus graves qu'on ne le supposerait tout d'abord.

Port-Créteil, 13 *janvier* 1871. — Le bombardement de Saint-Maur continue; on dit que depuis le commencement, nous avons reçu 4,000 obus.

Le *Temps* d'hier est très bon et contient une proclamation du général Trochu qui réfute avec indignation les bruits dont j'ai précédemment parlé.

La *Patrie* donne, comme venant de source

à peu près officielle, les renseignements les plus rassurants sur la marche et l'organisation des armées de province. Des journaux trouvés sur les morts ennemis nous apprennent, en outre, qu'à la date du 1er janvier les Allemands envisageaient avec inquiétude leur situation, troublés qu'ils étaient par le bruit d'opérations que nous aurions entreprises du côté de l'est.

Jules Favre doit se rendre à la conférence de Londres; nous aurions grand tort de ne pas saisir cette occasion d'envoyer un de nos hommes les plus éminents, les plus estimés, plaider notre cause auprès de l'opinion publique étrangère. On saura du moins pourquoi la France se voit obligée de continuer la guerre; que Paris n'est pas près de se rendre et que nos ressources nous permettent de soutenir la lutte longtemps encore.

Port-Créteil, 16 *janvier* 1871. — Le bombardement redouble de violence.

Les Prussiens font là une belle besogne. Depuis dix huit jours que cela dure, ils se trouvent aussi avancés qu'au commencement; qu'ils continuent, ce sera toujours la même chose.

Le *Moniteur de la guerre* annonce que Bourbaki exécute dans l'Est un mouvement de la plus haute importance. Il a débloqué Belfort et s'est jeté sur les derrières de l'armée allemande.

Port-Créteil, 17 *janvier* 1871. — Nous touchons au dernier jour du quatrième mois de siège.

La grande partie paraît définitivement engagée.

L'armée de l'Est s'est avancée, dit-on, jusqu'aux environs d'Épinal : qu'elle s'y maintienne quelque temps et nos assiégeants, dont les communications avec l'Allemagne seront menacées et coupées chaque jour, se trouveront prochainement à bout de ressources.

Bourbaki peut s'attendre à une furieuse attaque, les Allemands vont faire leur possible pour l'écraser, ou tout au moins le déloger d'une position si gênante pour eux [1].

Qu'il triomphe! C'est le cœur à la fois rempli d'espoir et d'anxiété que je forme ce vœu ardent!

A Paris, le rationnement devient de plus en plus rigoureux; nous pouvons, paraît-il, aller jusqu'au 15 mars, en nous imposant les plus dures privations. Qu'importe! si le succès est au bout de ces souffrances!

Bombardement plus faible; ce matin, les batteries prussiennes ne tirent sur Saint-Maur qu'à de longs intervalles.

. . . .

1. Le mouvement de Bourbaki est d'une telle importance que dans vingt jours, s'il réussit, il peut faire lever le siège de Paris. (*Déclaration du général Trochu*, séance du gouvernement du 9 janvier 1871.)

Je suis écœuré par la lecture d'un des derniers numéros du *Combat*, organe de Félix Pyat. Quelle feuille ignoble ! Comme l'article que je viens de lire respire, d'un bout à l'autre, la jalousie et la haine [1]. Au lieu de chercher à fortifier et à unir nos courages, on fait le possible pour les diviser. D'où peuvent donc provenir de si furieuses rancunes ?

De méchantes langues prétendent que si l'on avait offert au citoyen Pyat un simple portefeuille, un ministère quelconque, les choses auraient pu se passer autrement !

Misérables sauteurs, qui faites toujours marcher vos ambitions malsaines avant le salut de la patrie, vous n'avez sans cesse à la bouche ces grands mots d'honneur et de devoir

1. « Pitoyables chefs, admirable peuple, s'écrie ailleurs la même feuille, tout est brave dans ce peuple, moins ses chefs avocats et généraux, les avocats par nature, les généraux par parti pris.

« Ah ! si ce peuple avait des chefs ! mais il y a un général en chef... changeons-le... remplaçons-le... partageons son commandement. »

que dans l'espoir de vous créer une popularité, de vous asseoir à votre tour sur le pavois! Ne se trouvera-t-il donc personne qui vous arrache les masques dont vous vous servez pour entraîner des exaltés que vous enverrez promener le jour où vous n'aurez plus besoin d'eux, des naïfs que vous abandonnerez bravement, tandis qu'ils se feront tuer pour vous sur une barricade à l'heure du danger?

Port-Créteil, 20 *janvier* 1871. — Hier, profitant d'une permission, je suis, dès le premier matin, parti pour Paris. A cette heure, le feu est moins vif et plus incertain qu'au grand jour.

Quelques projectiles me sifflèrent aux oreilles comme je suivais la route qui monte à Saint-Maur; les murs qui la bordent portent partout les traces du bombardement. — Dans Saint-Maur, la maison du pharmacien, une habitation voisine et l'ambulance des sœurs ont été fortement endommagées.

Quand on arrive à la Faisanderie, le terrain devient uni et découvert, l'on se trouve exposé en plein au feu des batteries de Champigny : j'étais en train de traverser ce dangereux passage, lorsque j'aperçus sur la côte ennemie l'éclair d'une pièce qui tirait sur nous; au même moment, le factionnaire du fort lança d'une voix forte son sinistre avertissement de « gare la bombe! » Pendant une seconde, — on réfléchit vite en pareil cas, — je me demandai si je ne devais pas me jeter à plat ventre, mais la route était couverte d'un demi-pied de boue, et alors mon voyage était flambé.

Pendant que j'hésitais encore, l'obus vint éclater à quelques mètres de moi en soulevant violemment une masse de terre. Je n'avais aucun mal et je me mis à courir à toutes jambes dans la direction du bois de Vincennes, de peur d'être moins heureux une seconde fois.

. . . .

A deux heures, l'on m'apprit dans un magasin où j'étais entré que l'armée de Paris avait tenté une grande sortie et qu'elle se trouvait maîtresse de Saint-Cloud et de Montretout. Cette nouvelle me laissa fort indifférent, comme si j'avais eu le pressentiment de ce qui devait se passer dans la soirée. Mon emplette faite, je sortis et j'oubliai entièrement ce que l'on venait de me raconter. Je n'y songeai qu'en passant plus tard sur la place de la Concorde. Près du pont stationnait une foule compacte, dont les regards se tenaient avidement fixés sur le Trocadéro et les hauteurs de Passy qui disparaissaient noyés dans un épais brouillard.

A cinq heures, je fus surpris de l'animation extraordinaire qui régnait sur les boulevards; au carrefour Montmartre, on s'arrachait les journaux qui venaient de paraître et qui donnaient les détails de la journée; à ce moment, tout semblait bien marcher, la population se laissait aller à une joie facile à comprendre.

J'allai dîner sur ces entrefaites. Près de moi,

vint prendre place un éclaireur de la Seine, il arrivait de « là-bas » et m'apprit qu'à trois heures et demie, pendant que nos soldats continuaient leur marche en avant, des bataillons de garde nationale placés à l'aile gauche, menacés par un retour de l'ennemi, s'étaient débandés en masse,—ce mouvement avait obligé notre armée à s'arrêter; — comme il quittait le champ de bataille, les troupes s'étaient reformées et recommençaient leur attaque.

Pendant la nuit, on a placardé dans Paris les deux dépêches suivantes :

« *Mont-Valérien, six heures cinquante du soir.*

« Notre journée, heureusement commencée. « n'a pas eu l'issue que nous pouvions espé- « rer. L'ennemi que nous avions surpris le « matin par la soudaineté de l'entreprise a. « vers la fin du jour, fait converger sur nous « des masses d'artillerie énormes avec ses « réserves d'infanterie.

« Vers trois heures, la gauche, très vi-

« vement attaquée, a fléchi ; j'ai dû, après « avoir ordonné partout de tenir ferme, me « porter à cette gauche, et à l'entrée de la « nuit, un retour offensif des nôtres a pu se « prononcer. Mais la nuit venue et le feu de « l'ennemi continuant avec une violence ex« trême, nos colonnes ont dû se retirer des « hauteurs qu'elles avaient gravies le matin.

« Le meilleur esprit n'a cessé d'animer la « garde nationale et la troupe, qui ont fait « preuve de courage et d'énergie dans cette « lutte longue et acharnée.

« Je ne puis encore savoir quelles sont nos « pertes. — Pas de prisonniers. — J'ai appris « que celles de l'ennemi étaient fort considé« rables.

« Général TROCHU. »

Pour copie conforme :

Le Ministre de l'intérieur par intérim,

JULES FAVRE.

Mont-Valérien, le 20 janvier 1870, 3 h. 30 du matin.

GOUVERNEUR A GÉNÉRAL SCHMITZ, AU LOUVRE.

« Le brouillard est épais, l'ennemi n'atta-
« que pas. J'ai reporté en arrière la plupart
« des masses qui pouvaient être canonnées
« des hauteurs, quelques-unes dans leurs an-
« ciens cantonnements.

« Il faut à présent parlementer d'urgence
« à Sèvres pour un armistice de deux jours,
« qui permettra l'enlèvement des blessés et
« l'enterrement des morts.

« Il faudra pour cela du temps, des efforts,
« des voitures très solidement attelées et beau-
« coup de brancardiers.

« Ne perdez pas de temps pour agir dans
« ce sens.

« Général TROCHU. »

Pour copie conforme :

Le ministre de l'intérieur par intérim,

JULES FAVRE.

. . . .

Un pigeon arrivé d'hier nous apprend ce qu'est devenue l'armée de la Loire. Chanzy, attaqué par Frédéric-Charles et le duc de Mecklembourg, a été battu, perdant 10,000 prisonniers et 12 canons. La dépêche ne parle ni des morts ni des blessés, dont le nombre ne peut manquer d'être considérable. A la suite de cette défaite, les débris de l'armée ont évacué Le Mans et se sont retirés derrière la Mayenne.

Un ou deux avantages remportés par Bourbaki ne peuvent compenser ces déplorables défaites.

Ce matin, l'aspect de la ville était affreusement triste ; les fatales nouvelles avaient partout circulé ; des groupes stationnaient près de la mairie de la Banque ; chacun lisait tout bas les affiches collées sur les murs, puis s'éloignait sans mot dire. Bien des visages étaient pâles et contractés.

J'ai pris l'omnibus pour me rendre aux fortifications. En arrivant à la Bastille, un individu en paletot, qui m'a paru être un ouvrier, a dit en jetant sur mon uniforme un mauvais regard : « On vous l'arrangera votre Trochu. »

Je suis sorti par la barrière de Charenton et j'ai continué seul ma route. Le ciel était terne et gris, le chemin désert. Je me sentais le cœur près d'éclater; les camarades m'ont traité de « blagueur » quand je leur ai raconté je que j'avais appris à Paris ; il a pourtant fallu convenir que j'avais raison lorsque les cournaux nous sont parvenus.

Je n'ai pas voulu écrire aujourd'hui à mes parents ; que leur dire? Pourquoi augmenter de nos peines les tristesses d'autrui ?

. . . .

La Marne vient d'éprouver une forte crue ; les eaux charrient des débris de toutes sortes, entre autres les épaves d'un pont de bateaux : des barriques, des madriers, des pilotis passent à chaque instant ; trois chevaux crevés flottent à la dérive. Près du pont, l'un de nous a découvert une bouteille, fermée à la cire, dont l'intérieur renferme des lettres ; la trouvaille a été immédiatement portée au colonel.

Nous ne recevons plus par jour que 325 grammes de pain et un biscuit et demi ; la ration de viande est si faible qu'elle peut à peine compter.

Port-Créteil, 22 *janvier* 1871. — Le bombardement reprend de plus belle. Saint-Denis, qui s'était vu épargné, est furieusement attaqué ; au sud de Paris, les détonations redoublent de violence ; pendant toute la journée nous n'avons cessé de recevoir des obus.

D'après les nouvelles reçues de Paris, la population n'a nullement perdu courage et paraît décidée à une résistance plus opiniâtre que jamais.

On croit au remplacement de Trochu par un général plus énergique et surtout plus heureux. — J'ai entendu parler de Vinoy pour lui succéder. — A mon sens, autant ne rien faire, sous peine de mériter entièrement l'application d'un proverbe connu.

Port-Créteil, 23 *janvier* 1871. — Après tous les malheurs des derniers jours, j'avais jugé la coupe épuisée ; mais je m'étais trompé !...

La guerre civile a éclaté dans Paris. — On se bat à l'Hôtel-de-Ville ; la lutte a commencé par un conflit entre les tirailleurs de Belleville et la garde mobile. — Il y a morts et blessés des deux côtés.

La nuit a été très agitée. — On a battu la générale dans les rues.

Nous sommes perdus ; la plume me tombe des mains : je demeure hébété, incapable d'aligner deux idées de suite.

On nous a distribué ce soir la ration de pain d'autrefois. — La réduction imposée avait grandement mécontenté les hommes. — On se demande si cette faveur qu'on nous fait n'est pas pour nous donner du courage et nous lancer ensuite contre Belleville.

Bombardement presque nul. Les Prussiens trouvent sans doute inutile de jeter leur poudre aux moineaux. Les misérables qui ont tenté cette inqualifiable prise d'armes ne rendent-ils pas plus de services à l'ennemi que tous les Krupp braqués sur nous ?

Port-Créteil, 24 *janvier* 1871. — Vinoy vient d'être nommé au commandement en chef de l'armée de Paris. — La proclamation qu'il a cru devoir adresser à ses soldats commence en ces termes :

Le général Vinoy à l'armée de Paris.

« Le gouvernement de la Défense nationale
« vient de me placer à votre tête, il a fait ap-
« pel à mon patriotisme et à mon dévouement.
« Je n'ai pas le droit de me soustraire. C'est
« une charge bien lourde. Je n'en veux accep-
« ter que le péril, et il ne faut pas se faire
« d'illusions.

« Après un siège de plus de quatre mois

« glorieusement soutenu par l'armée et la « garde nationale, virilement supporté par la « population de Paris ; nous voilà arrivés au « moment critique, etc... »

Quel manque d'énergie ! Des mots, rien que des mots et décourageants encore ! Faites donc marcher des hommes au feu en les entraînant de la sorte. — *Amen !* — Nous voilà tous prévenus, et notre oraison funèbre n'est plus à faire ; dans quelques jours, nous défilerons prisonniers devant Guillaume, si tel est le bon plaisir de Sa Majesté prussienne.

Dire que l'on a eu entre les mains des moyens si puissants et que personne n'a su s'en servir[1]. L'armée aurait bien marché s'il

1. Lors de l'investissement notre armée se composait des forces suivantes :

1° 14,000 marins : hommes solides et éprouvés qui firent plus que leur devoir pendant toute la durée du siége.

2° 75,000 soldats de ligne ;

s'était rencontré quelqu'un pour la conduire.

. . . .

Les Prussiens ont établi de l'autre côté du viaduc de Nogent une batterie qui envoie des obus jusque sur Vincennes. Nogent et Saint-Maur doivent essayer de la démonter dans le courant de la journée.

3° 115,000 mobiles;

4° La garde nationale, dont l'effectif s'éleva jusqu'à 300,000 hommes, parmi lesquels on aurait pu choisir 60 à 80,000 soldats, qui, incorporés dès le début du siège et bien exercés auraient composé une troupe solide, sur laquelle on aurait pu compter.

Je ne parle pas des autres corps qui existaient alors dans Paris. — Toutes ces forces : cavalerie, pontonniers, soldats du génie et du train, corps de volontaires s'élevaient à plus de 20,000 hommes.

Cette armée possédait une artillerie qui comprenait à la fin du siège, 133 batteries de campagne et 8 batteries de mitrailleuses.

L'enceinte de la place, les forts et les ouvrages détachés étaient défendus par 2,627 bouches à feu de divers calibres.

Ces chiffres sont empruntés à l'ouvrage de M. le général Ducrot : *la Défense de Paris.*

Port-Créteil, 26 *janvier* 1871. — Voici les nouvelles que donne le *Petit National* d'hier :

« Gambetta, désespéré, s'est tué. » — Une autre version rapporte « qu'il a été mis en état d'arrestation par un groupe d'anciens députés et de conseillers généraux. »

Chanzy a été défait de nouveau. — Les débris de son armée se sont retirés sur Rennes, en tel état, rapporte le *Moniteur Prussien* de Versailles, que Frédéric-Charles aurait reçu l'ordre de cesser une poursuite désormais inutile.

« Faidherbe a été battu et refoulé sous Lille. »

« On ne sait ce qu'est devenu Bourbaki. »

Il court des bruits de restauration bonapartiste[1]. Napoléon aurait demandé à choisir

1. Lors des négociations pour la paix, entre le chancelier et M. Thiers, ce dernier, pour obtenir des conditions plus douces, essaya de s'appuyer sur l'opinion de l'Europe, alors favorable à la France écrasée :

« Si vous me parlez Europe, répondit M. de Bismarck, je vous parlerai Napoléon. »

Il n'en voulut rien croire, ce n'était pas là où était

100,000 hommes parmi les soldats prisonniers en Allemagne.

Paris tombé, à la tête de ces troupes, l'homme de Sedan se chargerait d'entrer dans la ville vaincue et d'y maintenir l'ordre. Pendant ce temps, le Corps législatif, dissous le 4 septembre, serait convoqué et proclamerait empereur le prince impérial, qui gouvernerait avec un conseil de régence présidé par Changarnier.

La fin du siège sera peut-être marquée par une série de catastrophes inouïes. Une partie

le danger. Je le priai de songer au plebiscite, aux paysans, aux officiers et aux soldats. La garde ne pouvait conserver la situation qu'elle avait eue, que si Napoléon revenait; et avec un peu d'habileté, il serait facile à l'empereur de gagner 100,000 hommes parmi les prisonniers internés en Allemagne.

Nous n'aurions qu'à leur laisser passer la frontière et la France serait à lui.

Cela paraît avoir fait impression sur Thiers, car aujourd'hui, après avoir recommencé à parler de l'Europe, il s'arrêta subitement et dit : « Pardon. »

(Seinguerlet, *Propos de table*, etc., p. 79.)

de la population va demander à capituler ; une minorité énergique essaiera sans doute de trouer les lignes prussiennes et de passer en province ; rejetée dans Paris, elle commencera la guerre des rues lorsque l'ennemi voudra entrer dans la ville. Son désespoir ne reculera pas devant les moyens extrêmes. Des quartiers entiers sauteront, où vainqueurs et vaincus s'abîmeront ensemble dans les mêmes débris [1].

1. L'opinion publique allemande, enivrée par des succès inouïs, était devenue fort exigeante, elle reprochait amèrement au chancelier d'avoir refusé à l'armée allemande la satisfaction d'une entrée triomphale à Paris.

« Cela provient, dit M. de Bismarck, d'une ignorance absolue de la situation.

« J'aurais pu arracher le consentement à Favre, mais non à la population de Paris. Les Parisiens avaient élevé de formidables barricades et sur les 300,000 hommes armés renfermés dans la ville, 100,000 au moins auraient combattu.

« Il y a eu assez de sang allemand versé pendant cette guerre. Si nous avions employé la force, on en eût versé bien davantage à cause de la surexcitation des

Port-Créteil, 27 *janvier* 1871. — Cette nuit, j'ai entendu jusque vers une heure le son éclatant des obusiers de Saint-Maur ; puis, tout s'est tu à l'entour de nous. Je me suis endormi d'un sommeil lourd et agité.

Ce matin, l'ordre est arrivé de suspendre les hostilités. Je me suis alors expliqué le silence subitement gardé par nos canons. Leur voix, qui pour la dernière fois avait frappé mon oreille, était bien celle de la France expirante [1].

Toute la journée un silence de mort a plané sur les lignes françaises et prussiennes.

habitants. Et tout cela, pour infliger une humiliation aux Parisiens ; non, cela nous eût coûté trop cher. »

(Seinguerlet, *Propos de table*, etc., p. 287.)

1. A Versailles, on prétend qu'à la nouvelle de la demande de l'armistice, un très haut personnage, saisi d'une gaieté altière, se prit à siffler l'hallali en s'écriant : « La bête est à bas. »

(Ducrot, *Défense de Paris*, IV, p. 376.)

Ce trait est rapporté en termes à peu près identiques par le docteur Busch, dans son gros ouvrage sur le comte de Bismarck.

Partout, on s'entretient des événements qui viennent de s'accomplir : les uns paraissent presque joyeux que tout soit fini ; ils pensent sans doute à leur pays, à leurs familles, qu'ils comptent prochainement revoir ; — d'autres aussi murmurent, crient à la trahison et voudraient prolonger la lutte.

A trois heures, des artilleurs sont venus démonter la batterie qu'on avait installée près de nous; les pièces ont été rangées sur le chemin, prêtes à partir au premier ordre; à cinq heures, les chevaux se trouvaient attelés, les canons se sont éloignés lentement et comme à regret, les roues roulaient avec bruit sur la terre glacée; ils ont disparu à un détour de la route. — Tristement appuyé à l'un des tilleuls du carrefour, je me suis pris à sangloter, le visage dans les mains.

« O ma pauvre France, adieu ! »

. . . .

A Paris, les vivres manquent ; l'armée a été obligée de partager avec la population les approvisionnements que nous avions dans les forts.

L'on s'attend à partir au premier jour, escortés par des détachements prussiens qui nous conduiront vers l'Est. — On parle de nous interner au camp de Châlons. — S'il en est ainsi et que la guerre continue en province, j'espère m'échapper et rejoindre mon ancien régiment.

. . . .

Voilà le dénouement de la première partie ! A quand la seconde? Dans vingt ans peut-être ? Il nous faudra la préparer longuement, mûrement, sans perdre de vue ce but un seul jour. C'est ainsi qu'a fait la Prusse, qui, depuis nombre d'années, s'apprêtait de sang-froid à l'égorgement de notre patrie.

Au commencement du siège, nous étions pleins d'ardeur [1]. Pourquoi faut-il que nous

1. On peut dire qu'à Paris, toutes les classes, riches ou pauvres; tous les âges, jeunes ou vieux, rivalisèrent d'ardeur et de dévouement. Chacun mit de côté et ses

ayions toujours manqué d'encouragements? Pourquoi ne s'est-il trouvé personne pour entretenir dans les cœurs cette flamme sacrée qui nous eût conduits à la victoire?

En relisant ce journal, écrit à la hâte, sous l'impression de chaque jour, je m'aperçois que le bandeau qui couvrait mes yeux se soulevait peu à peu. — Je croyais Trochu actif, énergique [1]? — Non, certes, il ne l'a pas suffisam-

affections et ses espérances, ne songea qu'au pays menacé; devant la patrie en péril, il n'y eut plus qu'un grand parti, celui de la *Patrie*.

Cet élan, que nous avons trouvé à Paris, qui a existé en province, bien qu'il n'ait pas été couronné de succès, n'en a pas été moins réel... et si nos gouvernants n'avaient pas péché, — autant par maladresse politique que par incapacité militaire, — on aurait pu mieux utiliser ce dévouement, cette ardeur à servir au bien public.

(Ducrot, *Défense de Paris*, III, p. 217.)

1. Le général (Trochu) répond qu'il n'avait pas cru aux armées de province, parce qu'il n'avait jamais espéré tenir aussi longtemps.

(*Séance du Gouvernement du 10 janvier* 1871, — 10 h. du soir.)

ment été. — Intelligent?... Peu m'importe, si c'était pour nous conduire où nous sommes. — Honnête?... Que signifie donc cette fameuse phrase par laquelle il nous leurrait, il y a quelques jours à peine :

« LE GOUVERNEUR DE PARIS NE CAPITULERA PAS ! »

Depuis Champigny et Villiers, ces deux batailles sanglantes où chacun de nos soldats ayant d'avance sacrifié sa vie, ne demandait qu'à marcher à l'ennemi. Qu'a-t-on fait de nous ?

On jurerait qu'il y avait quelque gageure de nous enfoncer, chaque jour, un éteignoir sur la tête. A ce compte, on a trop bien réussi.

Port-Créteil, 28 *janvier* 1871. — Nous sommes sans nouvelles de Paris.

D'après certains dires, les négociations avancent rapidement ; une autre version rapporte au contraire que Guillaume serait revenu sur sa détermination première, et qu'il exige de nous une reddition sans conditions. A l'heure actuelle, la question la plus grave est celle du ravitaillement; pour peu que les pourparlers traînent quelques jours encore, nous aurons à supporter la famine [1].

Ici, tout est sens dessus dessous; rien n'est resté debout; ni bataillons, ni discipline, ni officiers, ni soldats, — c'est un vrai chaos.

1. « Ah! je saurai bien contraindre les Parisiens! Je leur dirai : les deux millions d'habitants sont responsables avec leurs corps. Je vous ferai souffrir la faim pendant vingt-quatre heures, jusqu'à ce que nous ayons obtenu de vous ce que nous voulons; et au besoin je continuerai encore pendant vingt-quatre heures, qu'importe ce qu'il adviendra!

« Je m'en sens capable... Je serais homme à en accepter la responsabilité, mais il y a des obstacles derrière moi, des difficultés qui m'oppressent et m'empêchent de respirer.

« Ah! que ne suis-je le maître, je ne craindrais pas d'être dur, mais je ne le suis pas! »

(Seinguerlet, *Propos de table*, etc., p. 273.)

Le temps est froid et sombre, le même silence lugubre continue à nous envelopper de toutes parts. Je me trouve toujours dans le même état d'abattement, parfois la réalité m'apparaît dans toute son horreur, mais cette vision ne dure qu'un instant et je retombe dans une immobilité et un hébétement complets.

Pauvre Regnault! Au milieu d'une si grande infortune, je trouve encore des larmes pour ta fin héroïque et prématurée! Ta mort, du moins, a été glorieuse et enviable; en parlant de toi, la postérité pourra dire :

« Celui-là fut un homme! »

. . . .

Paris, 29 *janvier* 1871. — Ce matin, à neuf heures, le bataillon s'est rangé devant la maison qu'occupe le commandant pour attendre le signal du départ.

Comme les clairons commençaient à sonner

la marche, le capitaine adjudant-major les a brusquement interrompus.

« Assez! s'est-il écrié, pour la besogne que nous venons de faire, il n'est pas besoin de rentrer au son des trompettes. »

A Saint-Maur, on s'est arrêté pour laisser passer les mobiles de l'Hérault; leur défilé terminé, nous avons pris la suite.

Les Prussiens nous remplaçaient aussitôt dans les localités que l'on venait d'abandonner; à Joinville, leurs soldats réparaient le pont et se disposaient à prendre possession de la place que nous laissions encore chaude.

Lorsqu'après avoir traversé le bois et l'avenue de Vincennes, nous fûmes parvenus à la barrière du Trône, je jetai sur tout ce qui m'entourait un dernier regard et je n'oublierai jamais, — dussé-je vivre des siècles, — ce qui s'offrit à mes yeux.

Devant nous, marchait une masse compacte d'hommes qui s'étendait jusqu'aux remparts et s'engouffrait sans cesse dans Paris.

Derrière, aussi loin que la vue pouvait s'étendre sur l'avenue dont les derniers plans se perdaient à l'horizon, s'avançait lentement notre armée vaincue qui rentrait.

Lignards, artilleurs, gardes nationaux et mobiles, confusément mêlés, s'agitaient au loin comme une fourmilière humaine, sous un ciel triste et lourd, au milieu des nuages de poussière que soulevaient les pas des hommes, les roues des canons et le piétinement des chevaux. Près de nous, un escadron de spahis passait sur le trottoir; les chevaux, amaigris, exténués, se tenaient à peine debout; les riches manteaux rouges étaient salis et usés, les cavaliers au teint bronzé frissonnaient sous l'âpre morsure de la bise d'hiver.

Et nous aussi, nous frissonnions sous nos uniformes en lambeaux : la honte de la défaite, l'humiliation de venir, hommes encore valides, déposer nos armes et les rendre à l'ennemi pesaient sur les plus indifférents d'entre nous. — Un voile de tristesse et de deuil s'était étendu sur tous les visages.

Ah ! quel lamentable spectacle !

A la traversée des barrières, des mégères, montées sur les fortifications, nous insultaient et nous traitaient de lâches.

Sur ces remparts qui faisaient autrefois notre force et notre orgueil, les embrasures sont vides, les affûts renversés, les canons jetés à terre.

Des Français, sur l'ordre du vainqueur, ont dû se charger de cette écœurante besogne.

. . . .

Tout était bien fini.

. . . .

FIN.

TABLE DES MATIÈRES

CHAPITRE III.

CHAPITRE IV.

CHAPITRE V.

CHAPITRE VI.

FIN DE LA TABLE DES MATIÈRES

Imp. D. Bardin, à Saint-Germain

CHEZ LE MÊME ÉDITEUR

Le Siège et la Commune de Paris en 1871, par M. Gabriel CHAUSSON, conseiller municipal d'Asnières. 1 vol. grand in-18. 2e édition........................ 2 »

Histoire de la Capitulation de Metz. Enquête sur Bazaine et Coffinières. Trente-neuf pièces historiques annotées, entre autres cinq récits du siège et de la capitulation de Metz. Brochure in-8........................ 1 »

Les Allemands chez eux et chez nous, par CHARBONNIER. 1 vol. in-12........................ 2 »

L'Homme de Metz, par M. le comte Alfred de LA GUÉRONNIÈRE. Brochure in-8........................ 1 »

La France et l'Europe pendant le siège de Paris, par Pierre MAQUEST (18 septembre 1870 — 28 janvier 1871). Bazaine — Thiers — Gambetta, 1 fort vol. grand in-8, broché........................ 6 »

Le Drame de Metz, par le Père MARCHAL, aumônier de l'ex-garde impériale, 27e édition. Brochure in-8.. 1 »

Réquisitoire du général Pourcet, commissaire spécial du Gouvernement dans le procès du Maréchal Bazaine.. 1 vol. in-8........................ 2 »

Procès du maréchal Bazaine. *Compte rendu des débats du 1er Conseil de guerre.* Précédé d'une introduction et suivi d'une table analytique des matières, d'une table alphabétique des témoins et d'une bibliographie des principaux ouvrages à consulter sur l'histoire de l'armée du Rhin et du siège de Metz. 1 fort vol. in-8........ 6 »

Trahison de Bazaine, par Eugène R***. Brochure in-8 1 »

Rapport officiel du Conseil d'enquête sur les capitulations de Laon, Toul, Soissons, Schlestadt, Verdun, Neuf-brisach, Phalsbourg, Montmédy, Amiens, La Fère, Thionville, Paris, Guise, Mézières, Petite-Pierre, Marsal, fort de Lichtemberg. Brochure in-8........................ 1 »

Rapport officiel du Conseil d'enquête sur la capitulation de Sedan, suivi du protocole de la capitulation. Brochure in-8, avec une carte coloriée........................ » 75

La capitulation de Metz, par le capitaine ROSSEL. Brochure in-8........................ » 60

Les derniers jours de Metz, par le même. Brochure in-8........................ » 50

IMPRIMERIE D. BARDIN, A SAINT-GERMAIN.

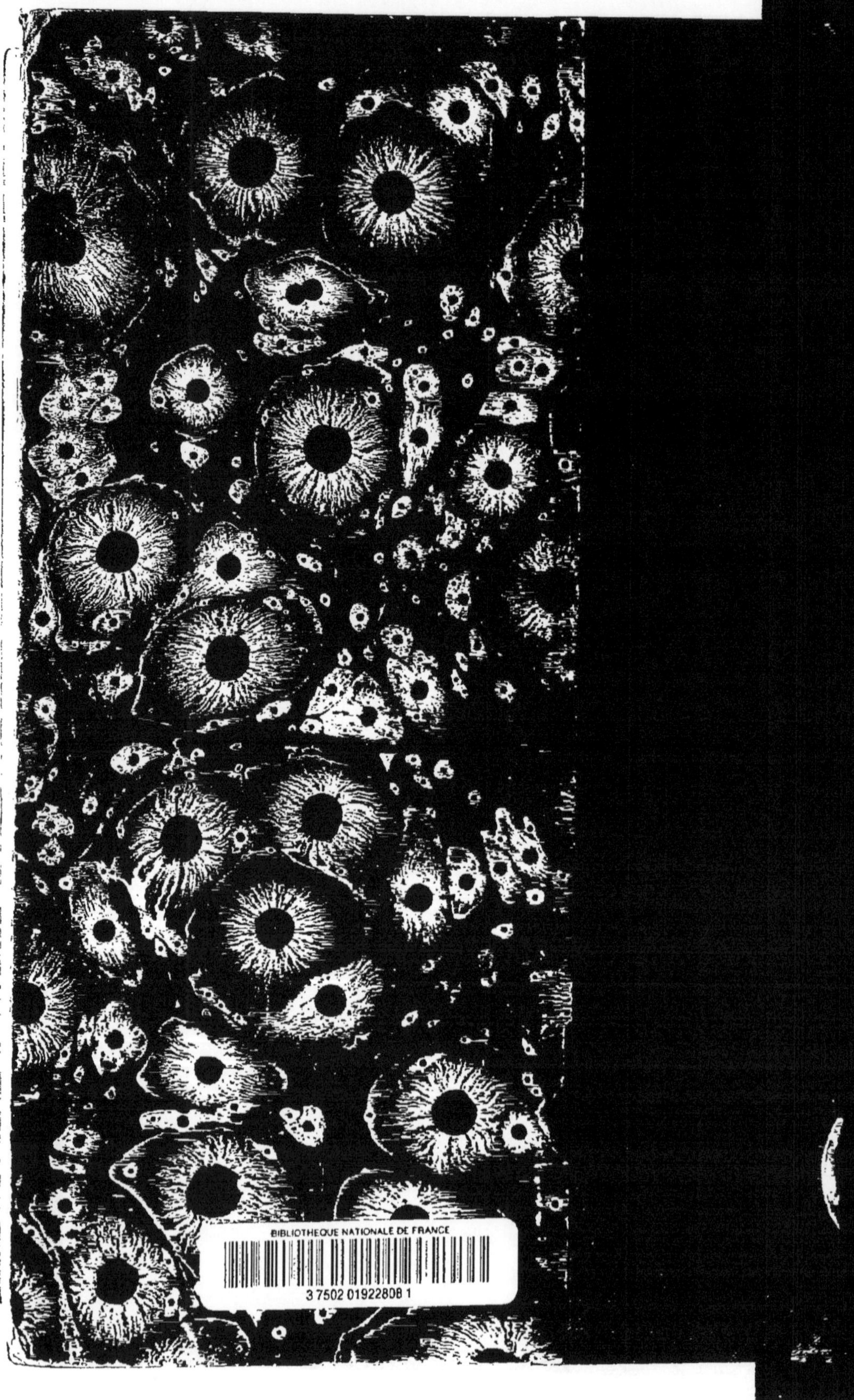
BIBLIOTHEQUE NATIONALE DE FRANCE
3 7502 01922808 1

www.ingramcontent.com/pod-product-compliance
Ingram Content Group UK Ltd.
Pitfield, Milton Keynes, MK11 3LW, UK
UKHW021054270726
13967UKWH00012B/1322

9 782011 932143